아름다운 이별

아름다운 이별

이상분 수필집

좋은수필사

책머리에

"너 편지를 참 잘 쓰는구나."

초등학교 시절 담임선생님으로부터 이런 칭찬을 들었다. 선생님은 방과 후에도 나를 교실에 홀로 남아 반공에 대한 글짓기를 하라고 시키셨다. 국군아저씨께 보내는 편지도 늘 내 몫이었다. 그럴 때마다 신이 났었다. 책 읽기를 너무 좋아해서 늘 책에 목말라, 읽고 또 읽으면서 장차 소설가가 되리라 다짐했다.

반세기가 지나서야 수필가가 되었다. 하지만 부족한 게 너무 많아 부끄럽다.

백일장, 신문, 문예지, 동인지 등에 실렸던 글을 모아 책으로 엮어 보기로 했다. 여러 번 망설이면서도 자식과도 같은 그것들을 그냥 버릴 수가 없어 자식 출가시키는 어미의 심정으로 용기를 내보았다. 가차 없는 질정叱正과 함께 따뜻한 격려와 응원도 기대해본다.

모든 일상이 어설프기만 한 나를 참고 다독여 주는 남편과 수시로 격려해준 두 아들에게 항상 고맙고 미안하다. 이 책이 나오도록 애써주신 좋은수필사에 깊은 감사를 드린다.

2017, 8

평택 우거에서 華汀 이상분

❙ 차례

1부 가릴 수 없는 하늘

2부 그림자

3부 행복한 사람

4부 조국이 없으면 나도 없다

5부 밥상 일기 1

밥상일기 2

1부

가릴 수 없는 하늘

부억데기의 반란

시댁 형제는 아들 다섯에 딸이 넷이다. 9남매 중 제일 맏이인 큰 아주버님은 이제 막 쉰이 되었고 막내 시누이는 이미 결혼해서 아이가 둘이나 있다. 넷째인 남편은 모르는 사람이 보면 맏이로 착각할 정도로 집안 대소사 모든 일에 앞장서서 나서기를 좋아한다. 평택에 계신 부모님은 옛날부터 해 오신 방앗간을 처분하지 못하고 그 옆에 양옥집을 예쁘게 지어 적적하지만 편안한 노후를 보내고 계시다. 두 분이 사시기에는 너무나 넓어 적적하던 안채가 명절이나 특별한 날에는 자식들만으로도 북새통을 이룬다. 형제들 내외와 조카들까지 합치면 얼른 수를 헤아리기가 쉽지 않다. 모두가 두어 살 터울인 장성한 자식들을 둘러보며 대견한 듯 어머님은 늘 자랑삼아 말씀하신다.

“자랄 때 저 애들은 참 순했다. 서로 헐뜯고 싸우는 것을 보지 못하고 컸으니까."

자식들이 성인이 되어 제 갈 길을 찾기 위해 정신없이 생활할 때는 부모님께 소홀한 적도 있었지만, 시간과 여유가 생기면서 한자리에 모일 기회가 점점 늘고 있다.

지난 추석 때의 일이다. 귀향길의 고속도로는 명절을 맞이하여 심한 몸살을 앓고 있었다. 전국의 도로는 어디를 가나 다 매한가지였다.

'얼마 전에도 개 천렵한다고 해서 다녀왔건만 꼭 이렇게까지 고생해 가며 고향에서 명절을 보내야만 할 이유가 있는 것인가'를 되뇌며 아이들을 데리고 미리 시댁으로 내려갔다. 부모님과 한동네에 사는 둘째 동서와 마주 앉아 송편을 빚고 있는데, 큰 동서가 점심때가 다 되어 미안해하며 들어섰다. 세 동서의 소란스러운 대화 때문인지 완성된 송편의 수는 시간을 따라 주지 못했다. 이해와 공감이 있는 대화란 사람을 행복하게 한다고 했던가! 직장에 다니고 있는 아랫동서까지 뒤늦게 합세하여 우리의 대화는 녹녹함과 껄끄러움도 웃음으로 날리며 채반을 꼭꼭 채워 나갔다. 자정이 다 되어서야 방에 들어와 누울 수가 있었다.

다음 날도 우리는 새벽부터 분주하였다. 설거지하며 부딪치는 그릇 소리와 꼬마 조카들의 울음소리, 또 사람과 사람들로 시끌벅적. 숨 가쁜 명절은 이미 시작되었다. 아침 식사가 끝나자마자 점심을 전후해서 모두 모인 9남매들, 서른 명이 훨씬 넘는 대식구다. 우리 집 여자들은 명절이 어떤 날이라는 것을 이미 오래전에 파악해 왔기 때문에 새삼스러울 것도 없이 간신히 시간을 내어 세수만으로 명절을 맞이해야 한다. 칠팔 명이 앉을 교자상만 해도 대여섯 개가 펼쳐지고 먹고 치우고 또, 먹고 치우고. 누가 식사를 하고 안 했는지 내 식구 내가 챙기지 않으면 정신이 없어 모르고 넘어갈 지경이다.

어제부터 시작된 끝없는 일과의 전쟁. 우리는 부엌데기다. 명절 때마다 느끼는 바이지만 우리 집 여자들이 하나같이 부엌데기로만 보인다. 저녁때가 되어 기진맥진 지쳐버린 네 명의 부엌데기들. 초록은 동색이라고 했던가! 누가 먼저랄 것도 없이 부엌데기들은 중노동에 대해 분개하며 푸념하기 시작했다.

"명절이 뭐 남자들만의 특권을 누리는 날인가요."

"왜 며느리들만 미풍양속이란 미명하에 희생양이 되어야 합니까."

누구보다도 내 원성이 더 높아 있다. 이번 기회에 남자들의 의식을 바꾸어 놓아야 함을 외치며 가출을 논해 보았지만, 맏동서답게 형님이 극구 만류하고 나섰다. 그러나 우리는 민주주의 다수결의 원칙을 운운하며 노래방으로 달아날 것을 만장일치로 통과시켜 버렸다. 맥이 빠져 있던 동서들의 얼굴에 희색이 돌며 손놀림이 말없이 분주해지기 시작한다. 일사천리로 모든 것을 정리하고는 떳떳하고도 당당하게 화려한 외출을 선포한다.

"저희 노래방 가서 놀다 옵니다."

큰 시누이의 대답뿐, 우리가 정작 듣고 싶어 하는 이들의 목소리는 들리지 않는다. 화투에 정신이 팔려 증오보다 더 무섭다는 무관심만을 보이고 마는 우리의 남정네들. 그러나 그 무관심도 아랑곳하지 않고 의기양양한 채 현관문을 나선다. 밤 기온이 몹시 차다. 한가위 밝은 달이 우리를 내려다보고 선하게 웃고 있다.

'달님! 철딱서니 없다고 웃지 마소. 우리 여자들 외롭습니다. 시댁에 대한 의무감, 여자의 의무감으로 인해 오늘 같은 날은 우리 아낙들의 날개가 너무 짓눌려져 힘이 듭니다. 남정네들의 작은 배려와 따뜻한 말 한마디가 그립습니다.'

"엄마한테 빈말이라도 같이 가시자고 말씀드려 봤어."

통명스러운 소리에 화들짝 놀라 뒤돌아보니, 시동생이 급히 따라 나오며 동서를 꾸짖는다.

뾰로통해진 동서가 빠른 걸음으로 계단을 오른다. 그 형의 그 아우다. 진즉에 알았지만, 모두가 우리 여자들이 시샘 부릴 정도의 효자들이다.

"노래방, 노래방 하는데 어떤 곳인지 나도 구경이나 하자."

아뿔싸! 이를 어쩐담. 눈으로 주고받는 언어가 긴 침묵이 되어 흐른다. 그러나 우리 韓씨네 용감한 여자들은 시어머니마저 태우고 진군한다. 시어머니도 한때는 며느리였었으니까. 잠시 후, 우리만의 향연이 펼쳐졌다. 화면 속의 반 벌거숭이 여자들의 몸짓을 아무 거리낌 없이 바라보며 발악을 하는 당신의 며느리들이 얼마나 민망하고 남사스러웠을까. 더구나 오로지 신앙으로만 일생을 살아오신 어머니인데. 그러나 그런 며느리들을 어머님은 전혀 개의치 않는다.

'부모님 모시고 효도하면서 흙에 살리라.' 열창에 또 열창이다. 며느리들의 성화에 못 이겨 어머니도 한 곡조 뽑으신다.

♪갑돌이와 갑순이가 안 그런 척했더래요.♬

팡파르가 울려 퍼진다. 밝아지는 어머님의 표정이 연민으로 다가와 갑자기 죄스러워진다.

♪배신자여 ~사랑의 배신자여~

자위와 자탄이 오고 가는 동안 예약된 시간이 훌쩍 지나고 있었다. 어머님에게는 무례하고 무료한 시간이었음에도 아무런 노여움도 없이 잘 견디어 주신 것이 마음 한편으로는 고맙기까지 했다. 서둘러 그곳을 나와 집에 돌아와 시계를 보니 자정이 훨씬 넘은 시간이다. 집 안은 나가기 전보다 더 어수선했다. 담배 연기 자욱한 작은방에서는 부인이 어떠한 의도로 외출하고 왔는지조차 관심 밖인 남정네들이 아직도 화투에 몰입해 있다. 옆에 작은 술상은 백년손님에 대한 예우가 그대로 드러나 미안하기 그지없다. 부엌 식탁 위에는 과일 껍질이 어지럽게 쌓여 있고 컵과 술잔은 아무렇게 뒹굴고 있었다. 아이들은 이 시간까지도 명절이 생의 최고의 날인 양 이리 뛰고 저리 뛰고 난장판이다.

"엄마 재미있었어요? 그래 몇째 며느리가 제일 잘 부르나 심사하러 따라가셨수."

"그래 내가 제일 잘 불렀다. 너희들 내일 일찍 일어나라. 아침 일찍 해 먹고 애들 전부 친정에 보내 버리게. 일찍 일어나서 거들라고."

"와! 우리 엄마 노래방 다녀오시더니 변하셨네. 어디 엄마

무서워서 딸내미들 친정에 더 묵겠수. 나도 시댁에 가서 우리 시어머니 모시고 노래방에나 다녀올까?”

여성생활수기 수상작 (1996년도)

아름다운 이별

아버님의 별세는 이미 예견되어 있었다. 위궤양 · 심한 장출혈 · 고혈압에 심장병까지 겹쳐, 중환자실과 일반 병실을 수차례 오가는 동안, 심한 등창까지 생겨, 표정이 고통으로 일그러져 가도, 아무 도움도 드릴 수 없어 안타까웠다.

고혈압과 심장병에 치명적이라는 의사의 말을 듣고, 평소에 그렇게 좋아하시던 담배마저도 단번에 끊어 버리셨지만, 병세는 이미 깊어 있었다.

무료한 시간의 갑갑증을 이겨내지 못하고 한겨울 몹시 추운 날, 마을회관에 가다가 뇌졸중으로 쓰러지셨다.

젊어서 한쪽 다리를 잃어 불구가 되었는데, 설상가상으로 성한 다리마저 풍을 맞았으니, 완전히 불구의 몸이 되어 운신을 못 하게 되었다. 그 영향으로 기도가 막히고 음식물이 폐로 들어가는 바람에 폐렴까지 겹쳐, 대학병원 중환자실에 입원하게 되었다. 중환자실에서 일반 병실로 또 중환자실로. 병실을 옮길 때마다 하루가 다르게 야위어감에도 우리는 그저 속수무책이었다.

결국, 새봄이 올 때까지도 효과는커녕 병세만 극도로 악화되니. 의학의 도움도 이미 한계에 도달해 있음을 아신 듯, 날마다 퇴원을 종용하시었다. 아무리 설득을 하고 또 설득해봤지만, 끝내는 우리가 설득을 당해서, 슬픔을 안고 병원 문을 나서야 했다. 질긴 것이 목숨이라지만 첨단 의술도 죽음 앞에서는 속절없음을 실감하는 순간이기도 했다.

구급차를 타고 집으로 오는 날은 잔인한 달 4월이 이미 시작되고 있었다.

젊어서 일본인 집에서 생활한 아버님은 일찍부터 매우 진취적인 사고를 지닌 분이셨다. 50여 년 전의 일을 어제처럼, 어눌하지만 자세히 이야기하시며, 특히 그들에게 배워야 할 음식 문화에 대해서 자세히 일러주시곤 했다.

"산소 호흡기를 떼고 나면 서너 시간밖에 살 수가 없습니다." 의사의 사형선고였다.

집에 오자마자 산소 호흡기를 떼어낸 구급차는 매정하게도 그냥 돌아가고 있었다. 눈앞이 캄캄해 왔다. 거칠어진 아버님의 숨소리가 우리들의 심장을 죄어 왔다. 아버님의 얼굴은 오랜만에 집에 왔다는 안도감에서인지 아니면 병원이 아닌 집에서 임종을 맞게 됨을 다행으로 여겨서인지 참으로 편안해 보였다. 소식을 듣고 달려온 형제와 자식과 이웃까지, 안방과 거실이 꽉 찼다.

우리는 예배를 드렸다. 아버님은 찬송가를 "더 크게" 부르라고 말씀하신다. 천국으로 가는 길을 환하게 밝혀 드리기 위해 우리는 정성을 다해서 찬송가를 불렀다. 사별하는 일만큼 충격적이고 가슴 아픈 일이 또 있을까.

예배를 마치고 모두가 아버님을 주시하고 있는데, 아버님이 일으켜 달라는 손짓을 하신다. 남편이 부축하여 간신히 몸을 일으켜 안고 있다. 달력을 가리키며 날짜를 묻는다. 누군가가 4월 8일이라고 일러주었다.

"나 오늘 안 죽어."

그 경황 중에도 석가 탄신일로 착각하신 듯하였다. 방안 가득 모인 사람들을 힘없는 눈으로 훑어보고는 눈인사를 하신다.

먼저 당신의 하나밖에 없는 동생(작은아버님)을 가까이 부르더니 '술'을 찾으셨다. 빠른 동작으로 술과 잔을 대령 하였다. 손수 술을 따르려다가 이내 포기하고 아들에게 눈짓으로 술을 따르라고 이른다. 작은 아버님은 두 손으로 공손히 잔을 받아 목을 축이신다. 아버님 눈가에 이슬이 맺히었다. 다음으로 큰사위에게 눈짓을 보낸다. 무릎걸음으로 장인 앞에 다가앉는다. 언제나 깔끔하시고 정갈하신 아버님과는 달리, 큰사위는 너무도 털털해 그것이 예의범절론까지 이어져, 늘 못마땅해 하셨기 때문에, 큰사위도 서운한 감정이 없지 않았는데 이별주를 권하고 받는 사위와 장인의 물기 어린 눈의 대화로 주위 사람들의 눈시울마저 붉어졌다.

'상일'을 찾으신다. 당신의 큰아들이다. 긴 세월을 애증으로 대해왔던 부자지간. 연이은 사업 실패와 부재不在로 인해 불편한 감정을 늘 가슴에 품고 살아오셨다. 집안의 가장이기에 그 결기도 더했을 것이다. 술을 못 드시는 것을 알고 음료수를 찾으신다. 잔을 받아 쥔 아주버님의 손이 떨리고 있다. 풀지 못한 세월의 매듭 때문일까.

평소에 똑바로 바라보기조차도 조심스러워 했던 당신의 두 분 제수에게도 서슴없이 잔을 권하신다. 그리고 '큰애! 작은 애!'를 부르셨다. 두 며느리가 조심스럽게 다가가 잔을 받는다. 어려운 시기에 아버님을 만나 힘든 세월을 같이한 분들이다. 둘째 아주버님까지 술을 따라드리고 드디어 셋째인 우리 차례가 왔다. 그러나 기력이 떨어진 아버님은 자리에 눕고 만다. 참으로 아쉬운 순간이었다.

그 밤 아버님은 이별주를 나누며 그동안 꽁꽁 묶였던 사슬의 고리를 풀고 영영 자유로워지고 싶었을 게다.

자리에 누우신 아버님은 밤새 물을 찾으셨다. 아슬아슬한 순간을 여러 차례 넘기면서도 찬송가는 여전히 더 크게 부르라 하셨다. 믿음의 궁극적 목적이 영생임을 굳게 믿으셨음이 분명했다. 다음날 아버님의 기력은 시시각각으로 사위어 갔다. 무슨 계시라도 받았는지 사택에 계신 목사님께서 급히 올라오셨다. 아버님의 눈동자를 들여다보더니 임종이 가까워졌음을 알렸다. 우리는 마지막으로 천국 환송예배를 드리며 이별을 준비했다.

평소에 각별한 사랑을 받았던 남편이 아버님의 손을 꼭 잡고 있었다. 순간 지금껏 잡혀 있던 아들의 손에서 슬그머니 빠져나온 아버님의 손이, 옆에 계신 목사님의 손으로 옮겨가고 있었다.

"할아버지 예수님을 꼭 만나세요."

이 말씀을 기다리기라도 한 듯, 아버님의 손이 목사님의 손에서도 힘없이 빠져나왔다.

"소천 하셨습니다."

아버님은 73세를 일기로 그렇게 자손들에게 영원한 이별을 고하며 난꽃이 지듯 생을 마감하셨다. 아주 편안한 모습이었다.

(농어촌여성문학 1999년)

못 말리는 아버지

친정엄마의 전화다.

시아버님의 상을 치르고 많이 지쳐 보인다며, 아버지께서 보약을 한재 지어 놓았으니, 시간이 나거든 한번 다녀가라신다.

내 건강에 대해 안심을 시켜드리고, 아버지나 드시게 하라고 여러 번 말씀을 드려보지만 막무가내다.

"그건 특별히 너만 생각해서 아버지가 해 주시는 거니까 아무 소리 말고 가져다가 정성껏 먹기나 해."

사양도 지나치면 불효가 될 것 같아서 마지못해 대답하였다. 내 어떤 모습이 아버지를 그토록 안타깝게 하였을까. 콧날이 시큰해 왔다. 거울을 본다. 인생의 봄을 넘어서서 초가을 문턱에 다가선 중년 여인이 보약이 무색하리만치 넉넉한 모습으로 앉아 있다. 서리가 하얗게 내린 정수리를 보고 있자니 씁쓸해지며, 친정엄마의 유전자가 고스란히 대물림된 듯해 공연히 울적해진다.

그렇다. 아버지도 얼굴에 윤기를 잃고 주름살과 흰 머리카락이 눈에 띄게 늘고 있는 딸의 모습을 보고 놀라셨을 게다. 왜 부모는 당신들의 나이가 늘어가는 것은 알고 있으면서 자식의 나이는 보지 못할까.

"너 올해 몇 살이지?"

내 나이 어언 불혹을 넘기고 있지만, 아직도 아버지의 마음속에는 내가 십 대의 사춘기 소녀로 멈추어 있는듯하다.

"어느새 그렇게 됐냐." 하시면서 안타까움에 혀를 끌끌 차신다.

그래서일까! 부모님이 계신 친정에 가면 마음이 한없이 푸근하다. 환갑이 넘으신 아버지 앞에서도 편하게 누워 응석까지 부릴 수 있으니 말이다. 부모님이 늘 그렇게 그곳에 계심이 얼마나 든든하고 다행인지 모른다.

젊은 시절 아버지의 모습이 스친다. 대학진학 때문에 10시까지 야간 학습을 하고 집에 올 때면, 버스 시간에 맞추어 어김없이 나오셔서 기다리셨던, 그 시절 내 든든한 경호원이었다.

맏딸에 대한 당신의 소망은, 교육대학을 나와서 교편을 잡는 것이라고 늘 말씀을 하셨다. 그러나 나는 그 기대를 저버린 못난 딸이 되고 말았다. 4남매 중 나를 제외한 동생 셋은 수도권의 4년제 대학을 모두 나왔건만, 그토록 애지중지愛之重之했던 큰딸에 대한 소망을 이루지 못해 지금까지도 섭섭한 마음이시다. 나는 아버지께 큰 불효를 저지른 셈이다.

맏이어서인지 유난히도 많은 사랑을 받고 자랐다. 한겨울엔 언제나 소죽 끓이는 아궁이에, 운동화를 따뜻하게 데워서 등굣길에 내어 주셨기 때문에, 그 시절 흔하게 걸렸던 동상도 걸리지 않았다. 21살 어린 나이에 날 낳으신, 지금의 내 나이보다 더 젊은 아버지의 아련한 모습이다. 어린 날 아버지와 함께했던 정겨운 추억들이 새록새록 내 뇌리에 필름처럼 스쳐 지나간다. 그 누가 세월을 흘러가는 물과 같다고 했는가.

뒤돌아보니 그 시절이 어제인 것 같지만 참으로 먼 곳에 와 있다. 자식을 향한 아버지의 사랑을 지금의 나와 비교해 보니 참으로 부끄러워진다. 도저히 아버지의 자애로운 그 모습을 흉내 낼 수가 없다.

올해 예순셋의 아버지 머리 위에도 백발이 성성하다. 그러나 당신의 백발보다도 자식이 늙어 있음을 걱정하며 건강을 염려하는 아버지를 생각하니 가슴이 먹먹하다. 다시 거울을 본다. 여자의 적은 남자도 여자도 아닌, 바로 자기 자신의 권태와 게으름에 있다고 한다. 반백의 긴 머리와 무성하게 자란 눈썹, 탄력을 잃고 누렇게 뜬 피부, 정녕 내적은 그곳에 있었다.

갑자기 마음이 급해온다. 무엇부터 해야 할까. 그래 미장원부터 다녀오자.

우울한 마음을 털어버리고 자리에서 벌떡 일어났다. 뜻밖에도 밝은 아침 안개가 걷히면서 맑은 햇살로 눈이 부시다. 울 밑의 키 큰 코스모스 무리가 나를 바라보며 한들한들 웃어준다

미장원이다.

"염색부터 해 주시고요, 얼굴이 작아 보이면서도 젊어 보이게 짧은 머리로 해주세요."

젊고도 이지적인 모습으로 변해가는 거울 속의 내 얼굴이 왠지 낯설다.

빨간 잠자리와 한들거리는 코스모스의 배웅을 받으며 친정을 향하여 가고 있다. 예전에 우등상을 타 가지고 들어섰던 그 모습대로 사뭇 의기양양하게 현관문을 들어섰다. 순간 아버지의 눈이 휘둥그레지신다.

"이게 웬일이냐! 너 머리와 얼굴이 왜 그렇게 노래, 그새 또 어디가 아팠니? 나랑 가까운 병원에 한 번 가 보자."

이를 어쩐담. 누가 우리 아버지 좀 말려 주세요.

(농어촌 여성문학1998년)

두 노인

이 세상에 존재하는 모든 사물에는 고유한 이름이 있다. 그중에서도 인간은 자식을 낳으면 그 자식이 건강하고 부유하고 명예로운 사람이 되기를 바라며 지어준다. 그러나 그 이름 때문에 손해를 보는 사람도 있다.

내 주위에도 이字인字열字와, 이字이字열字 성함을 가진 두 어른이 계신데, 두 분 모두가, 누가 들어도 흠잡을 데 없는 그 이름이 불만이시다.

두 분은 한집에서 자라 한 마을로 시집을 오신 고모와 조카 사이다. 홍수 때마다 침수되곤 하는 벌판 동네에서 긴 세월 희로애락을 함께 해서, 서로를 자화상이라 해도 무방할 만큼 각별한 사이인데, 조카 이인열 씨는 하늘 아래 둘도 없는 나의 시어머니시다. 우리 시어머니는 소극적이며 의타심이 많지만, 고모 이이열 할머니는 적극적이고 자립심이 강한 여장부 같은 기질을 타고 나셨다.

두 분은 젊어서 고초당초보다 맵다는 고된 시집살이를 잘 감내하셨다고 한다. 각각 팔십과 구십을 바라보는 연세 탓에 허리가 똑같이 ㄱ자로 심하게 굽어, 두 분이 함께 걷는 모습을 볼라치면, 난 웃음부터 나오는 통에 민망해 하면,

"너도 늙어봐라. 젊음이 마냥 니 곁에 있을 줄 아냐."

하시며 핀잔을 준다.

앞서도 말했지만 비슷한 이름 때문에 두 분이 가끔 다툴 때가 있다. 할머니 대부분은 이름을 잊고 살아가지만, 이이열 할머니는 자식들이 모두 외지에 나가 혼자 살고 있으므로 고지서·청첩장 등 모두가 할머니 이름으로 전달되고 있다. 그런데 가끔 조카 집으로 전달되어 봉투가 뜯김을 당하는 때가 있으면 노발대발이시다. 함께 다니는 약국에서조차도 약 처방전이 바뀌는 불상사가 일어 약사들이 곤욕을 치른 적도 있다. 이제는 두 분이 이름을 확인하고 또 확인하는 결벽증까지 생겼을 정도다.

"이봐요 색씨! 나는 이이열이고, 저 사람은 이인열이요."

고모 이이열 할머니께서 조카 이인열 씨댁인 우리 집을 조석으로 드나들면서 늘 하시는 말씀이 있다.

"밥맛이 없어서 굶었다."

"찬밥 한 덩이를 물에 말아 훌훌 마셨다."

팔순 노인의 쓸쓸한 밥상을 보는 것 같아서 들을 때마다 가슴이 찡하다. 할머니의 그러한 외로움을 좀 덜어보려고 때가 되면 수저 하나를 더 놓으며 식사를 권해 본다.

“내가 에미를 귀찮게 해서 어쩌누. 늙은이가 식량만 축내고 있으니…….”

베푼다는 것은 꼭 가진 사람만이 할 수 있는 일이 아니라며, 지나가는 나그네에게도 따뜻한 밥과 이불을 내어 주면서 보릿고개를 넘어오셨던 할머니다. 그런 할머니조차도 이 시대의 정신적 빈곤을 저렇게 이야기하나 싶어 한편으로는 서글프기도 하다.

며칠 전이었다. 할머니께서 아무것도 못 잡숫고 누워 계시다는 소리를 듣고 김밥을 들고 댁으로 가 보았다.

“개만도 못한 이 인생 먹으면 뭐하냐. 저승사자는 뭐 하느라 이 늙은 것을 안 잡아가누!”

눈물이 그렁그렁하니 그 무엇이 할머니의 심기를 그토록 불편하게 했는지, 혈압마저도 꽤 올라 있었다.

우리나라도 이젠 노령화 사회다. 자식들 뒤치다꺼리로 대책 없이 맞이한 황혼기의 소외된 노인들을 보면 그저 안타까울 뿐이다.

“진지 잡수셨어요?”

보릿고개를 허덕이며 넘어왔던 노부모님들 덕으로 사회가 이렇게 급성장했지만, 이젠 그 말조차도 옛말이 된 지 오래되었다. 어쩌면 그 인사가 각박해진 이 시대의 소외된 노인들에게 드릴 수 있는 가장 절실한 안부가 아닐까 하는 생각을 해본다.

저승사자 운운하시던 할머니께서 오늘은 추위도 아랑곳하지 않고 식전 댓바람부터 오셔서 기세등등하니 자랑이 놀라

우시다.

“뭐니 뭐니 해도 자식밖에 없다. 어제저녁에 영양제 한 병을 사 가지고 왔지 뭐냐. 집이 추울 것 같다며 내내 끌탕하더니, 비닐로 바람막이를 단단히 해주고 갔어. 자식 중에 즈이 에미 생각하는 놈은 그래도 그놈뿐이야.”

노인들의 속마음은 정말 알다가도 모를 일이다.

그렇게 자랑하고 가셨던 할머니가 다시 엽서 한 장을 들고 오셔서 역정을 내시며 혀를 차신다.

“젊은것들 눈이 늙은이보다 더 나쁘니 세상이 다 이 지경이 됐지.”

받아보니 잘 알고 지내는 교회 목사님께서 어머님 앞으로 보내온 기도원 안내문이었다.

“고모 아줌니, 이참에 이름을 이쁜 이름으로 바꿔 봐유. 노래도 있잖아유, 바꿔 바꿔 다 바꿔. 명월이, 부용이….”

“나보다 한 살이라도 덜 먹은 자네부터 바꾸는 것이 낫지 않겠나.”

(농어촌여성문학 2001년)

뺑이야

연세가 일흔 여덟인 어머님의 기력은 하루가 다르게 쇠약해 가고 있다.

말귀도 어둡고 말수도 극히 적어지셨으며, 기억력 또한 현저하게 감퇴하였다. 평생을 오로지 교회와 일밖에 모르고 살아오셨다. 그래서인지 별다른 취미도 말벗도 없다. 그나마 TV를 보는 것조차도 별 의미를 못 느끼고 계시다.

"애 저 사람은 어제 병들어 죽더니만 왜 또 나오냐?"

"할머니 뺑이예요 뺑. 저건 연극을 하는 거예요."

배우들의 실제 같은 연기력 때문에, 어머님은 가상적인 연기라는 것마저도 이해하기 힘든 모양이다. 더구나 깨지고 터지는 폭력 장면에서야 혼란스러움이 더 할 수밖에.

"어휴! 저 피 좀 봐. 누가 빨리 병원으로 옮겨야 할 텐데…."

몹시 안타까워하면서 우리의 눈치를 살핀다.

"저것도 뻥이냐?"

오늘은 어머님을 모시고 온천을 다녀왔다. 교회에서 늘 하는 월중 행사다. 몸이 불편하다는 핑계로 가시지 않겠다고 못을 박아 말씀하시더니, 내가 모시고 간다는 말에 어린아이처럼 반색하며 새벽부터 분주하시다. 속옷을 갈아입고 몸단장하며 여기저기 전화를 하면서 몹시 신이 나 있다.

"얘, 내가 네 것까지 목욕비 내마."

괜한 고집으로 가지 않겠다고 하신 것이 내심 미안했는가 보다.

밤새 비가 내렸다. 올해는 유난히도 비가 많은 해다.

교회에 도착해 보니 벌써 많은 사람이 나와서 우리를 반갑게 맞이한다.

"그래 잘 왔어. 젊은 사람들이 있어야지 원……."

비에 씻겨 투명해진 대지는 상쾌하기가 그지없다.

다람쥐 쳇바퀴 돌 듯한 일상으로부터 탈출하여 차는 이미 가을이 한창 무르익는 들판을 가로지르고 있다. 산허리마다 아름답게 물든 단풍이 촌부들의 마음을 사로잡는다.

"시상에! 저기 좀 봐유. 저기"

여기저기서 가을 단풍을 만끽하며 감탄사가 절로 터져 나온다. 숨 가쁘게 달려와 보니 온천은 이미 많은 사람으로 붐비고 있다. 단체로 오신 노인분들이 유난히 많은 날이다.

"지금 나이가 몇이시우?"

옷을 하나하나 벗으시며 옆에 계신 생면부지의 등 굽은 할머니께, 어머님이 친근하게 말을 건넨다.

"댁은 몇이시우?"

그 할머니는 막 팔십이 되었다고 하신다. 서로의 나이에 적잖은 위로가 되는가 보다.

"정정 하시네유."

탕 안에 들어가신 어머님은 많은 사람을 의식해서인지 몸을 잔뜩 움츠리고 줄곧 그 자리만을 고수하고 있다. 20여 년 전 대수술을 받은 흔적으로 척추는 굽어서 심하게 틀어져 있고, 툭툭 불거진 뼈마디는 노목의 가지를 보는 듯 바라보는 나도 민망할 정도다. 새삼 그 모습이 아픔으로 다가온다. 등을 밀어드리면서도 여러 가지 생각으로 마음이 복잡해져왔다.

한집에 산다는 이유만으로 서로가 속마음을 다 보이며 살아온 세월이 약차하다. 요즘 어머니를 향해 일어나는 괜한 나의 노여움으로 어머니의 마음을 매우 어둡게 한 듯싶다. 이해한다고 하면서 과연 얼마나 노력했는가 하는 자책이 인다.

"문 좀 꼭 닫고 다니세요. 제발 수돗물 좀 잠그시고요."

노인은 어린이와 같다고 하지 않던가. 어머니를 통해 먼 훗날의 내 자화상을 보듯이 어머님의 생각과 행동거지를 이해하는, 좀 더 따뜻하고 온기 어린 며느리가 되고 싶다. 나는 어느새 다짐 앞에 서 있었다. '잘 해드리자' 내 마음을 읽기라도 하신듯 등을 맡긴 어머니는 "고맙다. 고맙다."만 연발하신다.

벌거숭이 몸을 조심스럽게 부축하여 녹차탕 · 인삼탕 · 운치 있는 노천탕으로 모시고 다니면서 나는 모처럼 훌륭한 그림을 잘 연출해 냈다. 이 어쭙잖은 행동이 어머님을 위한 것인지, 아니면 나 자신의 죄책감을 덜고자 하는 한날 이기심은 아닌가를 생각하며 실소를 머금는다. 누군가가 내 뒤통수를 향해 한마디 할 것만 같다.

"저건 뻥이야. 뻥."

(농어촌여성문학 2004년)

알 수가 없다

뜬금없이 어머님이 수의를 사자고 하신다.

"얘 나 이참에 수의를 장만하고 싶다. 회관으로 수의를 팔러 오는 노인네가 있는데, 그 베 참 좋더라. 늘 단골로 다녔기 때문에 믿을 만해."

어머님은 내 눈치를 살피면서 장황하게 말씀하셨다. 그도 그럴 것이, 아버님 생전에 당신의 수의를 사 들고 오시던 날, 어머님이 얼마나 노기를 띠었는데 그 일을 잊었겠는가. 죽음에 대한 두려움과 삶에 대한 미련보다는, 부부의 긴 이별을 극구 부인하고 싶었을 게다.

장롱 맨 꼭대기에 덩그러니 놓여 있던 그 물건이, 죽음의 검은 그림자처럼 보여 우리도 보기 싫었던 것만은 사실이다.

옛날부터 윤달에 수의를 준비하면 집안에 우환이 없고 자손이 잘된다는 말도 있다.

자손이 잘되길 바라는 마음이야 세상의 어느 부모인들 다를까마는, 나는 알고 있다. 그것은 하나의 구실이라는 것을. 이제는 당신 스스로가 길고 긴 이별을 준비하고 계신 것이다.

마음이 무겁고 착잡하다.

밤새 비가 내렸다. 모처럼 만에 단비다. 물먹은 대지가 더욱 푸르러 보인다.

어머니는 마음이 꽤 급했는가 보다. 언제 연락을 했는지 낯선 노인이 비를 털고 집 안으로 들어선다.

"보십시오, 베는 정말 좋습니다. 최고로 알아주는 안동포라요."

손수 이 수의를 짓는 며느리가 마지막 가시는 분에 대한 예우로 최고의 상품만을 고집하고 있어서, 최고의 가치가 있다며 더불어 며느리 자랑이 놀랍다. 듣다 보니 며느리 자랑을 온 것인지, 수의를 팔러 온 것인지 모를 정도다. 상술이겠지만 실 하나까지도 심혈을 기울인다는 며느리를 칭찬하는 것을 보면, 수의 짓는 며느리가 그에 대한 남다른 열정이 있는가 보다.

남편은 그러한 노인에게 뒤질세라 꽤 효자다운 면모를 보인다. 베 조각을 태워 보고, 만져 보고 비벼도 보면서 매우 꼼꼼하게 관찰을 하였다. 한술 더 떠서 수의에 대해서 문외한인 내게 상세히 가르쳐 주기까지 한다.

"불에 태웠을 때 좋은 베는 완전히 재가 되고 덩어리가 없어야 하는 거야. 또 모양과 색깔이 좋아 보이는 화학 섬유나 인조 천 같은 것은 썩지 않기 때문에 이런 것은 꼭 피해야

해."

이리저리 살펴보던 남편의 손이 잠시 멈춰지면서, 뜨악하니 어머니를 바라본다. 모자의 무언 대화다.

옷 입는 취향이 까다롭다는 핑계로 어머님의 옷을 사드린 것이 손가락 한둘을 꼽을 정도에 불과하다. 새삼 부끄럽다.

'마지막으로 입고 가실 옷이나마 당신 마음에 드는 것으로 해드려야 할 텐데.'

이내 큰 보따리가 집안으로 들어왔다. 거실 바닥에 넓은 보자기가 펼쳐지고 노인은 하나하나 설명을 하신다.

"원삼, 원삼피, 겉저고리, 속저고리, 겉치마, 속치마, 오낭, 조발랑"

이렇게 가짓수가 많음에 난 심히 놀라지 않을 수가 없었다.

"악수, 손싸개, 턱받이, 천금, 장매, 면포, 벼게, 버선, 복권, 지금"

그것들을 가만히 귀담아들으시며 가끔 빠진 것을 묻고 확인하며 그 옷을 바라보시는 어머님의 눈이 예사롭지가 않으시다.

"이만하면 좋다. 괜찮아."

홍조 띤 어머님의 얼굴에서 새색시의 들뜬 모습을 보는듯했다.

사람은 누구나 죽을 수밖에 없다. 잘난 사람이나 못난 사람이나 모두가 언젠가는 꼭 가야 할 그 길이다. 편안한 마음으로 당신의 마지막 옷까지도 준비하신 어머님은, 울적해 있는 우리와는 달리 무척이나 행복해 보인다. 천국 가는 길에

입고 나설 그 나들이옷이 평상시와는 달리 단번에 마음에 드신 것은 무슨 연유인가!

그래, 이것도 어쩜 행복일 수 있겠다.

빗줄기가 난타하듯 창문을 두들긴다. 키 작은 나무들이 비를 피해 도리질을 치고 있다. 어린나무들의 그 어색한 몸짓도 시간이 지나면 좀 의연해지겠지.

따뜻한 모과차를 준비하는 사이, 노인은 뭐가 그리도 급한지 총총히 집을 나서며 한마디 하신다.

"올 같은 윤달에 수의를 장만해서 댁의 어머니는 장수 하실 거유."

(농어촌여성문학 2005년)

당신의 무릉도원은 어디인가요

성큼 다가온 초여름이다. 황해를 건너온 황사 바람도 집집이 흐드러지게 핀 장미꽃 향기에 취해 숨을 죽이고 있다.

모가 자라지 않아 애태우다 이제야 겨우 모내기를 끝냈다. 농작물은 주인의 발소리를 듣고 자란다고 하는데, 어머니는 오늘도 허망한 손길로 먼 길 떠날 채비만을 하면서 마음 바쁜 우리의 손길을 잡고 있다.

바람은 부드럽고 햇살이 뜨겁지 않아 외출하기에는 더없이 좋은 계절이다. 어머님이 오매불망 꿈꾸고 있는 그 외출은 어떤 의미인가? 꽃바람에 실려 온 훈풍에 마음을 빼앗겨 늦바람이라도 난 것이라면 차라리 좋겠다. 가방에 씌어 있는 '치매 환자임'이라는 글씨와 집 전화번호가 오늘따라 비수처럼 가슴을 찌른다.

어머님은 몽환 같은 그리움을 안고 자나 깨나 일편단심으로 하늘나라의 꽃밭을 가야 한다며 애를 태우고 계시다. 흥분하여 그곳에 대해 말씀하실 때는 듣는 우리도 정말 비행기를 타고 그 꽃밭을 다녀오신 것이 아닐까 하는 착각이 들 정도다. 그곳은 걱정 없이도 의식주가 해결되고, 지친 심신을 편안하게 치료해주며, 더구나 돈이 전부인 이 시대에 그 돈도 그곳에서는 무용지물이라고 종일 기도하듯 중얼거리신다.

날마다 집 밖에서 몸을 움츠리고 앉아 그 꽃밭을 이야기하며 비행기를 기다리거나 자식들을 기다리는 것이 하루의 일과다. 그러다 지치면 큰길로 마중을 나가시는 통에 밤낮으로 어머니와 나는 숨바꼭질과 술래잡기를 하고 있다. 그 기다림은 늘 좌절로 끝나지만 누가 그 일을 말릴 수가 있을까. 또 덧없다고 말할 수가 있을까. 날마다 서럽고 외롭고 고달프지만 그래도 포기하지 않는 그 기다림은 그 누구도 침해 못 할 어머님만의 목표이자 희망이기도 하다.

9남매 중 셋째인 우리와 함께 살아오면서 어머니는 우리를 무척 아끼고 사랑하셨다. 그런데 지금은 나를 향한 섭섭함과 미움이 상대적으로 크다.

"너 내 틀니 가져갔지? 여기 놔둔 것이 왜 없어지냐? 너 밖에 가져갈 사람이 없어. 빨리 내놔라. 어서!"

유독 며느리인 나에 대한 의심은 이렇게 깊어만 가고 있다. 점점 강팍해져 가는 어머니의 마음을 이해하려 애써보지만 그럴수록 갈등만 깊어져 간다.

우리나라의 노령 인구가 전체 인구의 10%를 차지하고 있다고 한다. 그중에 치매 환자가 40만 명에 이른다고 하니 엄청

난 숫자다. 이제는 국가적인 차원에서 노인성 질환으로 고생하는 어르신들과 가족을 보호할 수 있는 '노인 장기 요양보험' 제도가 7월부터 시작된다고 한다. 모처럼 반가운 소식이다. 준비가 미흡하여 문제가 야기 될 수 있다고는 하지만 사뭇 기대된다.

"오늘은 무슨 일이 있어도 꽃밭에 가고 말테다. 너 날마다 나한테 거짓말하는데 나 거기 꼭 가야 한다. 말리지 마라."

그 꽃밭은 어머니께서 평생 꿈꾸어 오던 당신의 유토피아일 것이다. 어쩌면 어머니뿐만 아니라 우리 모두의 무릉도원일 거라는 생각을 해본다. 그러나 그토록 그곳을 갈망하는 어머니를 말없이 보내드리지 못하는 현실이 정말 안타까울 뿐이다.

비가 내리고 있다.

지구상에 없는 그 유토피아를 찾아 오늘도 어머니는 길 떠날 채비를 서두르신다.

탐스러운 장미꽃들이 제 몸을 가누지 못하고 처연히 발아래 떨어져 뒹굴고 있다.

꽃잎을 사뿐히 지르밟고 떠나는 어머니의 젖은 신에도 장미꽃이 필 것만 같다.

(대산농촌문화 2008년)

심心봤다.

한동안 왕래가 뜸하던 시누이가 모처럼 친정 나들이를 와서 포장이 안 된 하얀 스티로폼 상자 하나를 내민다.

"이게 뭐야?"

선물이라기엔 겉모양이 너무나 볼품없어 의아해하며 물었다.

"애 아빠가 깊은 산에 가서 캐 온 산삼이에요"

고모부가 그 귀한 것을 직접 캤다는 말에 우리는 더욱 놀라고 말았다. 심마니조차도 평생에 한 번 만나기가 어렵고, 자연의 섭리를 거스르지 않는 삶의 도를 닦으려고 애쓰는 사람에게만 산삼이 보인다는데, 고모부는 그것과는 영 다르게 살아온 사람이 아니던가.

죽어가는 사람도 소생시킬 만큼 효능이 신비스럽다는 그 약초를 조심스레 들여다본다. 재배한 인삼 비슷하게 생긴 것이 뿌리가 가늘고 길며 잔뿌리가 많다. 그 신비한 영초의 향을 음미하기 위해 코를 가까이 대보니, 산의 강한 정기가 그대로 전해지는 기분이다.

산삼이 있는 곳 주변에는 신령한 기운이 감돌고, 하늘에 상서로운 기운이 나타난다더니 정말 그런가 보다. 내 심장이 갑자기 이렇게 뛰고 있으니 말이다.

"심 봤다!"

모기소리만 하게 내뱉는 내 소리에 시누이가 자지러지게 웃는다. 모처럼 밝게 웃는 시누이의 모습이 참 보기 좋다.

마음이 정화된 심마니에게만 산삼의 염력이 닿아 눈에 띈다는 말처럼, 이제는 세월 따라 고모부의 마음도 안정되었으리라 믿고 싶다. 자상한 가장으로의 복귀를 바라는 마음 간절하다.

산삼은 먹는 사람과 캐는 사람이 또 따로 있다고 한다. 시누이는 누가 드시든 정성껏 드시라는 말만을 남기고 총총히 사라진다.

옛말에 좋은 일에는 항상 마가 낀다고 하였다. 정말 그른 말이 아닐 성싶다. 시누이가 돌아가자 화기애애하던 집안 분위기가 갑자기 냉랭해졌다.

"무슨 소리예요. 어머님은 안 돼. 치매를 앓고 있는데, 당신이나 먹어요. 기운 없다는 말 하지 말고…"

정신없는 환자임을 내세워 언성을 높여 보지만, 자타가 공인하는 효자인 남편은 막무가내다.

"생각해봐 어머니가 계시는데 내가 어떻게 저걸 먹을 수 있나? 불로초에 만병통치할 수 있다고 하니까 누가 알아 치매가 싹 나을지."

우리 집에 자주 오시는 이웃 아주머니들에게도 자문과 동의를 구하며 내 편을 만들어 설득해보지만, 오히려 내가 설득을 당하고 만다.

다음 날 남편은 소문도 없이 산삼 2뿌리를 가지고 처가로 줄행랑을 쳤다. 늘 장인·장모께 마음만 앞섰지 변변치 못했던 터라, 이 기회에 점수도 따고 마누라 입도 막기로 작정한 모양이다.

"어머니! 이거 몸에 좋다는 산삼이에요. 천천히 씹어서 드셔요"

몸에 좋다는 말에 모처럼 어머님 얼굴에도 화색이 돈다. 그러나 한입 베어 물고는 금세 얼굴이 일그러지며 그 귀한 산삼을 방바닥으로 내동댕이치고 만다.

"거 봐요 못 드시겠다잖아."

"이 사람아 믹서기에 갈아드려"

산삼 한 뿌리가 믹서기에서 내 마음처럼 울컥 울컥 소리를 내며 잘도 갈리고 있다. 영험한 산삼 앞에서 못된 내 마음만 다 들켜 버린 것 같아 짐짓 목청만 높아진다.

"이제는 우유랑 섞어서 먹기도 좋고 맛도 좋아요. 이것 잡수면 오래 사신대요."

"오래 살면 뭐 하냐"

찌꺼기 하나 남기지 않고 그릇을 깨끗이 비우는 어머니를 보면서 진인사대천명盡人事待天命이란 글을 떠올려 본다. 어차

피 먹을 사람은 따로 정해져 있는 것을, 부질없는 짓에 또 후회가 난다. 나는 언제쯤 철이 들려나.

(농어촌여성문학 2009년)

가릴 수 없는 하늘

어제는 남편이 배춧국이 먹고 싶다기에, 멸치 국물까지 우려내가며 정성을 다한 국을 솥바닥이 까맣도록 태웠는데, 오늘 아침에는 생선 조림을 또 그렇게 태우고 말았다. 내 정신이 이지경이고 보니 집안에 매캐한 냄새가 가실 날이 없다. 누구와 대화 중에도 그에 맞는 단어가 떠오르질 않아서 '저기 있잖아 저기'하며 스스로 답답해하는 일이 잦아졌다. 기억력이 왜 이렇게 쇠퇴해 가는지 정말 걱정이다.

"농협에 가는 길에 통장 정리를 해야 하니까 통장 좀 미리 준비해 줘요."

남편의 부탁에 머리에 땀이 나도록 통장을 찾고 있지만 좀처럼 보이질 않는다. 늘 넣어 두었던 서랍에 다른 통장과 도장은 그대로 다 있는데 유독 그 통장만이 없다.

요즈음 들어 건망증이 부쩍 심해졌다. 날마다 머리에서 잊고 손에서 잃어버리기가 일쑤다. 건망증과 치매는 다르다고 하지만 치매의 초기 증상이 아닌가 하는 걱정이 앞선다.

혹시 비상금 넣어두는 갈피에 넣었나 싶어서 그 책을 꺼내 흔들어 본다. 오만 원짜리 지폐 석장과 사진 몇 장이 방바닥에 흩어진다. 그중에서도 유난히 눈길을 끄는 사진을 들여다보니 개나리꽃이 활짝 핀 화창한 봄날에 찍은 어머님의 사진이다. 사진 속의 어머니는 시공을 초월한 도인처럼 건조한 눈빛으로 먼 하늘만을 응시하고 있다. 그날도 어머니는 '치매 환자'라고 쓴 가방을 두 손에 꼭 쥐고 계셨다. 힘들었던 세월이 스크린처럼 빠르게 스친다.

알 수도 없고 이해할 수도 없는 그리움을 안고 망부석처럼 마당가에 무료하게 앉아 날마다 누군가를 기다렸던 어머니였다. 식사를 외면하면서까지 집착하셨던 그 기다림은 포기할 수 없는 어머님만의 내일이고 희망이고 또 기쁨이었을 게다. 그 처절한 모습이 어제 일처럼 선명하게 사진 위로 겹쳐진다.

언제부턴가 서서히 진행되었던 어머니의 치매였다. 웃음과 말수가 극히 적어졌고, 기억력 또한 현저히 떨어져, 무엇이든 잊고 잃어버리는 것이 일상이 돼 있었다.

어머니에게는 내가 자녀들에게 받은 용돈마저도 전부 내어줄 정도로 믿고 아끼는 며느리였는데. 유독 나만을 의심하고 미워했다.

그때의 그 격양된 어머니의 목소리를 오늘 사진 속에서 다시 듣는다.

"네년도 별수 없구나."

가슴이 아프다. 한 치 앞을 내다볼 수 없는 것이 인간사라더니 작금의 내 모습을 보면서 회한이 밀려온다. 치매가 불치병인 줄 알면서도 나만 미워하는 어머니가 야속해서 어머니를 살갑게 모시지 못했다.

어머니께서 하늘나라로 가신 지가 벌써 8년이 되었다. 그토록 갈망했던 그 꽃밭에서 어머님은 지금 무엇을 내려다보고 계실까. 부끄러이 고백하건대 허둥대는 나의 이런 모습만큼은 들키지 않았으면 좋겠다.

어떤 이는 잊어버리는 능력도 하나님이 주신 천부적인 소질이라고 하였다. 어쩌면 이 잊어버림으로 인해 우리가 세상을 살아가고 있는지도 모를 일이다. 이것도 나의 소질이라면 부끄러운 일들일랑은 이 건망증을 핑계로 모두 다 잊고 싶다.

사진 속의 어머님은 치매 이전의 어머님이 되어 나에게 또 말을 걸어오신다.

"세월 이길 장사는 없단다."

들에 나갔던 남편이 벌써 들어와 있다. 심심치 않게 겪는 어지러운 방 안 풍경을 보고는 어이없어 하는 표정을 짓는다. 그러나 이내 속내를 감추고 만다.

"걱정할 것 없어. 늙으면 다 기억력이 떨어지는 거야. 그게 다 자연의 섭리거든."

늙다니 이제 오십이 갓 넘었는데…

이래저래 심란하다.

(농어촌여성문학 1991년)

할미꽃이 피었습니다.

부모님의 기일이 돌아왔다. 9남매가 모두 모일 수 있는 휴일로 날을 정하여 산에서 모이기로 했다. 시간이 되자 형제들과 조카들이 속속 모여들었다. 모처럼 온 가족이 한자리에 모인 셈이다. 30여 명의 대식구다. 이런 모임을 무척이나 좋아하셨던 부모님은 하늘나라에서도 생시처럼 반기며 무척 흐뭇해하실 것이다. 좌청룡 우백호가 부러울까 보냐.

부모님의 산소는 햇볕이 잘 드는 남향받이에 합장으로 잘 모셔져 있다. 오늘따라 햇살이 따습고 바람도 부드럽다. 먼 하늘가의 새털구름마저 한결 한가로워 보인다.

부모님께서 생전에 우리에게 베푸셨던 사랑과 교훈을 되새기며 큰 시숙의 인도로 간단하게 추도 예배를 드린다. 비록 곁에 계시지는 않지만, 그분들의 영혼은 우리 자식들 가슴속에서 영원히 함께하실 것이다. 봉분에 기대어 앉아 형제간의 화목과 우애를 다잡고 있는데 문득 환청인 듯 어머님의 음성이 내 귀에 들려왔다.

"고맙다. 셋째야!"

눈물이 핑 돈다. 보이기 민망해서 슬며시 자리를 떴다.

다시 집으로 모인 대가족이다. 일사불란하게 움직인다. 마당에서의 고기 파티가 시작된 것이다. 누가 시키지 않아도 모두가 알아서 척척이다. 가족은 행복의 근원이라는 말도 있다. 진정한 가족의 모습에 가슴이 뿌듯하다.

솔방울에 불을 지피느라 눈물을 흘려가며 애쓰고 있는 남편 옆에서 어린 조카들은 연기도 아랑곳하지 않고, 이웃집 고양이와 친해지려고 무진장 애를 태우고 있다. 남녀의 사랑 고백이 이보다 더 애절할까! 보는 이로 하여금 실소를 머금게 한다.

"어머나 세상에! 할미꽃이 피었어요. 할미꽃이."

갑자기 마당 한쪽이 소란스럽다. 내가 미처 자랑하기도 전에 시누이들이 이미 할미꽃을 발견한 모양이다. 연발하는 시누이의 감탄사에 식구들이 잰걸음으로 몰려가 신기한 듯 들여다본다.

"정말 할미꽃이네. 이게 얼마 만이냐?"

작년에 이어 올해도 어김없이 할미꽃이 피었다. 몇 해 전 집들이 때 지인으로부터 화분을 선물 받았다. 사람들의 이기와 탐욕으로 뿌리째 파헤쳐져 묘지 주변에서조차 볼 수 없던 이것이 내 손에까지 오다니, 반가움보다는 두려움이 앞섰다. 잘 살려 낼 수 있을까! 마당가에 버려두었던 밑 빠진 시루를 들어다 감나무 옆에 앉히고, 땅을 파 퇴비를 잔뜩 넣고는 화분 속의 할미꽃을 넓은 시루에 조심스럽게 넣고 흙을 놓으니 정원 인테리어로도 아주 제격이었다. 환경 파괴의 공범이 되지 않으려고 주문 외듯이 기도하며 얼마나 많은 공을 들였던가! 지성이면 감천이라고 낯선 환경 속에서도 뿌리를 잘 내려 주었다. 해마다 심술 사나운 바람이 희롱하며 지나쳐도 여전히 꿋꿋하게 꽃을 잘 피워낸다.

할미꽃은 미나리아재빗과에 속하는 꽃으로 흰 머리가 꼭 할아버지 같다 해서 백두옹白頭翁이라 부르기도 하고, 할머니의 굽은 허리를 닮았다 하여 노고초老姑草라고도 부른다.

우리 집에 온 지도 이렇듯 여러 해가 지났건만 해마다 처음인 양 그 모양새가 늘 새롭다. 이때마다 그것을 들여다보고 관찰하는 재미 또한 아주 쏠쏠하다. 생쥐 풀 방구리 드나들 듯 한다더니 요즈음 내가 그 모양이다. 한시도 가만히 있지 못하고 들락날락하니 현관문이 다 닳는다.

할미꽃은 뿌리에서 여러 개의 잎이 나오고 꽃잎이 온통 흰 털로 덮여 있다. 꽃줄기가 꽃봉오리를 달고 올라오며 꽃대가 굽어 꽃이 땅을 향하여 있어서 그 예쁜 꽃마저 들여다보기가 쉽지 않다.

평소에는 자랑에 인색한 나도 이 할미꽃만큼은 자랑하고 싶어서 몸살이 날 지경이다. 자식을 잘 키워 자랑하면 이렇듯 어깨가 으쓱해질까. 팔불출이랄 수밖에. 요즈음은 이것 자랑하는 재미에 사람이 마냥 그립기까지 하다.

삼겹살 익는 냄새가 진동한다. 그러나 꽃에 취한 아녀자들이 쉽게 그 꽃에서 눈을 뗄 것 같지가 않자, 고기 굽던 시동생마저도 손을 놓고 가까이 와서 넘겨다본다.

"울 엄니 닮은 꽃이 여기 있었네. 다소곳이 수줍어하는 모습하고 또 등 굽은 것 하며 영락없는 울 엄니다."

모두가 동감을 하는지 순간 아무 말이 없다. 사실 그 말은 틀린 말이 아니었다. 정말 어머님의 생전모습 그대로이다. 흰 머리칼에 휜 허리며 핏빛으로 물든 자식 사랑의 흔적까지 모두가 똑같다.

기일 때문일까? 할미꽃의 애절함이 새삼 가슴에 와 사무친다. 부모님의 크신 사랑과 못다 한 효를 반추하듯이 모두가 침묵만을 고수하고 있다.

때맞추어 실바람이 불어온다. 할미꽃이 가늘게 흔들리고 있다. 우리를 향한 어머님의 손사래이듯이.

"어이들 가서 고기들 먹그라. 어이!"

분위기를 바꿔볼 요량인지 막내 시동생이 노래를 부르며 자리를 뜬다.

'♪젊어서도 할미꽃 늙어서도 할미꽃 하하하하 우습다. 꼬부라진 할미꽃♬'

고기가 익고 있다.

(농어촌여성문학 2014년)

아름다운 날의 이별

여름 꽃이 한창이다. 백일홍· 채송화· 봉숭아· 수국 능소화까지. 그중에서도 가장 정감이 가는 꽃은 단연 봉숭아다. 꾸밈없고 수수한 것이 꼭 시골 여인네와도 같다. 꽃송이가 봉황鳳凰새와 같고 꽃잎들이 신선神仙의 날개옷을 닮았다 하여 봉선화라 부르기도 한다.

소낙비가 지나간 자리에 붉은 봉숭아꽃잎이 무참히 널브러져 있어 처연하다.

문득 친정 할머니가 그립다. 봉숭아꽃을 무척이나 좋아해 여름이면, 뒤꼍 장독대에서부터 울 밑에 이르기까지, 집 안을 온통 봉숭아꽃 천지를 만들어 놓고 꽃을 즐기셨던 할머니였다. 할머니가 우리 곁을 떠난 것이 엊그제 같건만 벌써 삼십 년이란 세월이 훌쩍 흘러가 버렸다. 그리움이 봉숭아 꽃물처럼 빨갛게 물이 든다.

할머니는 유난히도 나를 예뻐하셨다. 나 역시도 그런 할머니를 그림자처럼 따랐고, 그때는 아마도 엄마보다 할머니를 더 좋아하지 않았나 싶다.

할머니는 며느리인 우리 어머니와 함께 임신해서 같은 해에 한 지붕 아래서, 할머니는 아들(삼촌)을 며느리는 딸인 나를 낳으셨다. 마흔넷의 노산이었다. 그것이 아들 내외에게 죄가 되어 당신의 아들은 밀쳐놓고 늘 손녀딸인 나만을 챙기며 예뻐하셨단다. 모르는 사람들은 삼촌은 어머니의 아들이고 나는 할머니의 딸로 착각할 정도였다고 한다. 자식이 사랑스럽지 않은 부모가 어디 있겠는가. 그러나 할머니는 장성한 자식 앞에서 늦둥이를 본 것에 대한 미안함에 애써 그렇게 사랑을 감추며 또 다른 사랑을 키우지 않았나 싶다. 여고 시절에는 하교 시간에 맞추어 거의 매일 마중을 나오시는 할머니 때문에 친구들의 부러움을 사기도 했다.

이젠 내 나이도 그때의 할머니 연배에 와 있다. 할머니께 받았던 내리사랑을 내 아이에게도 전할 수 있을까를 자문해 보지만 정녕코 나는 아니지 싶다. 나에 대한 사랑이 그렇게나 각별했던 할머니께서 언제부턴가 혼기에 찬 나를 안타까이 바라보며 애면글면하셨다.

"그러다가 좋은 혼처 다 놓친다."

사실 그때 할머니는 몸에 이상이 와 병명도 모르는 채 시름시름 앓고 있었다. 할머니 병세가 심각해질 무렵에야 다행히도 지금의 남편을 만났다. 식구들과의 첫 대면을 가지던 날, 할머니는 깊은 병중임에도 옥색 치마저고리를 곱게 차려입고 정중하게 손주 사윗감을 맞았다. 핏기 없는 얼굴이었지만 모처럼 환하게 웃으시며 매우 흡족해하셨다.

그리고 우리는 결혼 날을 잡았다. 원체 할머님의 병세가 위중했기에 우리 집에서는 철이 바뀌는 그해 가을에 결혼식을 올리려고 했건만, 눈에 콩깍지가 씐 신랑감은 극구 다음 달을 고집해 왔다.

"저는요 가을까지는 못 기다립니다. 내일이라도 당장 식을 올리고 싶습니다."

그래서 우리는 만난 지 40여 일 만에 결혼하게 되었다. 왜 그렇게 무모했는지 지금 생각해도 도무지 알 수가 없다. 갑자기 정해진 결혼 날짜로 인하여 마음이 바빠졌고 또한 혼수 준비로 눈코 뜰 새 없는 나날이었다.

그사이 할머니의 병세는 극도로 악화하였고, 대화마저도 불가능해졌다. 그저 말없이 서로가 손잡고 온기만을 느낄 뿐이었다. 마음을 전하고 싶어서였을까. 할머니는 손을 잡을 때마다 손에 힘을 주고는 쉬이 놓지를 못하셨다. 그 손은 차가웠음에도 난 따뜻함을 느꼈다. 할머니는 그 악수의 의미를 진즉 알고 계셨을 터. 이제는 그 손잡음의 기억조차도 흐릿해졌다.

결혼식을 며칠 앞두고 할머니의 의식은 무너지고 있었다. 우려했던 대로 곡기를 끊으셨고 물조차도 넘기기가 힘든 매우 위중한 상황이 오고야 만 것이다. 급기야 결혼 전날엔 혼수상태가 왔다. 급히 병원으로 모셔졌다. 생사의 갈림길이었다. 미루어 짐작하건대 할머니는 애지중지하던 손녀딸의 결혼 날을 넘기기 위하여 죽음의 문턱에서조차 실낱같은 마지막 기력을 불태우셨을 것이다.

결혼식은 예정대로 진행되었다. 우리 집 식구들은 모두가 태연함을 가장하여 웃고 있었지만 우리는 이미 알고 있었다. 할머니와의 이별이 촌각을 다투는 긴급한 상황임을. 내 생애 가장 아름다운 순간에 가장 슬픈 이별이 구체적인 현실이 되어 다가오니 나는 슬픔보다도 두려움에 떨고 있었다.

주례 선생이 무슨 말씀을 하는지 아무런 소리도 들리지 않았다. 예식이 끝나고 주위를 둘러보니 친정 부모님 모습이 보이질 않는다. 가슴이 철렁 내려앉았다. 그러나 우리는 차마 떨어지지 않는 발걸음을 떼어 놓아야만 했다.

경주 신혼여행지에서도 그저 할머니 생각뿐. 내내 불안을 떨칠 수가 없었다. 3일째 되는 날 서둘러서 열차에 몸을 실었다. 그날 나의 표정은 신혼여행에서 돌아오는 밝은 신부의 얼굴이 아닌 아마도 침통한 얼굴이었을 것이다. 열차에서 내리자마자 우리는 부랴부랴 공중전화를 찾았다.

"할머니는 이미 가셨단다. 내일이 발인이야."

그날 잿빛 하늘에서는 눈이 하염없이 내렸다. 하얀 눈을 맞으며 할머니는 그렇게 우리 곁을 홀연히 떠나고 있었다.

지금쯤 친정집 울 밑에도 봉숭아꽃이 한창일 것이다.

(농어촌여성문학 2013년)

홍시

가을걷이가 한창인 들판은 하루가 다르게 변하고 있다. 부지깽이도 뛴다고 하는 옛말도 있듯이 해가 짧아 눈코 뜰 새 없이 바쁘다. 집을 비우고 들에 나와 있는데 택배가 왔다는 연락이 왔다. 일하는 내내 무엇인지 궁금했다. 집에 와서 상자를 뜯고 보니 청도 반시다. 서울에 사는 친정 고모가 감을 좋아하는 나를 위해 산지에서 주문하여 보내 준 것이다. 때깔이 아주 곱다. 말랑말랑한 것이 보는 것만으로도 군침이 돈다. 한입 베어 무니 달큰한 맛이 입안 가득히 퍼지며 고모의 따뜻한 정이 온몸에 흐른다. 고맙다. 세상에서 제일가는 즐거움은 아마도 먹는 즐거움 아닐까 한다.

과일과 채소만 잘 먹어도 건강하다고 했거늘, 나는 과일에는 별 관심이 없다. 그러나 유독 이 감만은 예외다. 입안에서 살살 녹는 그 부드러움과 달콤한 맛을 그 어떤 맛과 비교할 수 있으랴.

감은 버릴 것이 하나도 없다. 감 껍질은 피부미용에도 좋고 잘 씻어서 말린 감잎차는 종합비타민이 부럽지 않다고 하며 꼭지는 약으로도 쓰임새가 아주 많다고 한다. 감식초, 감물 염색은 또 얼마나 색이 곱던가! 팔방미인 격인 감나무가 이래서 많은 사람의 사랑을 받고 있는가 보다.

우리 집에도 세 그루의 감나무가 있다. 올봄에 집을 지어 이사하면서 남편은 제일 먼저 감나무부터 옮겨 왔다. 한 그루는 아직 어린 나무지만 두 그루는 연륜이 꽤 되어 많은 열매를 맺기도 하였다. 새 토질에 적응을 못 하여 한동안 몸살을 앓더니 시간이 지나자 실한 잎을 피워내며 이제는 제대로 뿌리를 내린 듯싶다. 한 그루의 나무에서는 생각지도 않았는데 그래도 열 개 안팎의 감이 달려 있다. 매우 신기하다. 나뭇잎에 숨어 얼굴을 붉히고 있는 양이 부끄럼 타는 새색시 같아 그것을 훔쳐보는 재미가 아주 쏠쏠하다.

감은 또 효심의 과일이다. 조선 시대의 노계 박인로는 품 안에 넣어가도 반가워할 어머님이 안 계시니 그것 때문에 슬퍼하며 유명한 그 조홍시가를 지었다고 하지 않던가! 내 곁에도 그에 못지않은 효심을 지닌 남편이 있다. 출천지효出天至孝라고 했던가. 효심도 타고나는가 보다. 남편은 부모님 생전에 내가 시샘 부릴 정도로 아주 잘 해드렸다. 그러나 그 회한의 눈물은 아직도 그칠 줄 모른다. 어머니가 그리울 적마다 '홍시'를 부르면서 그리움을 달래기도 하고, 취중에 부르는 그 노래는 듣기조차도 안쓰럽다.

♪생각이 난다 홍시가 열리면 울 엄마가 생각이 난다♬

지금도 감을 만지작거리며 작년에 돌아가신 어머니에 대한 그리움을 애써 삭이는 중이다.

이제 막 찬 바람이 불기 시작했다. 몇 개 되지 않는 감이 바닥에 떨어져 만신창이가 되어 있다. 그나마 매달려 있는 감마저도 언제 떨어질지 위태롭다.

마파람에 게 눈 감춘다고 했던가. 나는 그 자리에서 네 개째 먹고 있다. 그러면서도 나무의 감을 바라보는 시선이 예사롭지가 않았는지 남편이 못을 박는다.

"저건 까치밥으로 남겨 둬야 해."

"그럼요"

말은 그렇게 했지만 잠시 욕심을 냈던 것만은 사실이다.

문득 송수권 시인의 시 '까치밥'을 떠올리며, 인간과 자연과의 공생을 귀히 여겼던 옛 어른들의 까치밥의 의미를 새삼 상기해본다.

고향이 고향인 줄도 모르면서
긴 장대 휘둘러 까치밥 따는
서울 조카들이여
그 까치밥 따지 말라
남도의 빈 겨울 하늘만 남으면
우리 얼마나 허전할까
살아온 이 세상 어느 물굽이
소용돌이치고 휩쓸려 배 주릴 때도

공중을 오가는 날짐승에게 길을 내어주는
그는 따뜻한 등불이었으니
(…)

어느 틈에 까치 한 쌍이 자기 밥임을 알리기라도 하는지, 기운찬 소리를 내며 감나무 주위를 배회하고 있다. 아서라! 감 떨어질라.

(농어촌여성문학 2001년)

영정 사진

지인 친정아버지의 부음을 듣고 보성으로 내려가고 있다.

망인의 연세는 팔십 세라고 하였다. 평균 수명이 백세 시대로 치닫고 있는 현실로 볼 때 매우 애석한 일이지만, 마지막 가는 길을 그 누가 막을 수 있단 말인가. 생자필멸生者必滅 당연지사라 여기면서도 부모님과의 이별은 낯선 이의 이별일지라도 늘 마음이 아프고 저리기는 매한가지다.

연휴로 인해 도로가 극심한 정체를 빚고 있었다. 말로만 듣던 교통 체증이다. 그러나 끝은 있는 법. 공주를 지나고 차령터널을 통과하자 거짓말처럼 앞길이 확 트였다. 꼬리를 물려 지쳐 있던 차들이 씽씽 내달린다. 마치 도망이라도 치듯이. 졸음도 가시고 우울했던 기분도 말끔히 사라졌다. 사람의 마음이 이렇게 간사할 수가.

친정아버지도 올해 팔순이시다. 아버지도 이제는 많이 연로

해지셨다. 훤칠한 키에 절세미남으로, 소싯적에는 흠모하는 동네 처자들로 마당 끝이 닳을 지경이었다고 했다. 딸인 내가 보아도 꽃미남인 것만은 틀림없는 사실이다. 하지만 세월 이길 장사 없다고, 세월 따라 많이도 변하셨다. 이제 더는 늙지 않기만을 바랄 뿐이다.

밖을 내다보니 광주다. 추레한 차림의 노인을 부축하며 젊은 여인이 병원에서 나온다. 아마도 딸일 성싶다. 굉장히 밀착되어 있는 모습이 그러하다. 아버지의 손을 잡아 본 것이 언제이던가. 기억에도 없다. 몹쓸 딸이다. 학창시절에는 그래도 쉽게 아버지와 팔짱을 끼곤 했지만, 언제부턴가 나이를 먹어 가면서 무척 소원해졌다. 더 늦기 전에 어릴 적에 아버지가 내 어깨와 손을 잡아 주셨듯이 이제는 내가 손을 내밀어 작아진 어깨와 손을 보듬어드리리라 다짐해본다.

차밭의 안내판이 보성임을 알려준다. 장장 5시간의 긴 여정으로 모두가 지친 기색이 역력하다. 옷매무새를 가다듬고 빈소로 들어섰다.

"잔병치레는 늘 하셨지만, 갑작스러운 폐렴 때문에……."

지인은 더 말을 잇지 못했다. 덩달아 목울대가 뻐근하다. 분향하면서 영정 사진을 바라보니, 구부정한 어깨와 야윈 체구 또 깊게 팬 주름이 아마도 요즘에 급히 찍은 듯싶다. 고단했던 지난 삶이 고스란히 전해진다.

문상할 때마다 느끼는 것이지만 영정 속 사진들은 왜 그렇게 무겁고 쓸쓸해 보이는지. 이 세상에 슬프지 않은 영정은 없다고 하였다. 모든 영정은 다 슬프단다. 그러나 세상이 변했듯이 영정사진도 자연스럽게 변하여 가고 있다. 밝고 환한 모습들로.

친정집에도 부모님이 이를 염두에 두고 찍은 사진이 보란 듯이 벽에 걸려 있다. 아주 오래전에 찍은 사진이다. 그 사진이 나올 무렵엔 아마도 그런 사진이 유행했던 것 같다. 그림도 사진도 아닌 초상화에 가까운 합성사진, 그야말로 말 그대로 영정이다. 요즘은 휴대폰으로도 사진을 쉽게 찍고 있지만, 사진기가 흔치 않던 시절엔 초상화가 영정 사진을 대신해 왔다고 한다. 그것이 면면히 이어지면서 친정집에까지 찾아왔던가 보다. 그 사진을 처음 대했을 때는 너무도 놀라 아연실색하고 말았다.

"근처에 사진관도 있는데 뭐가 그리 급하다고 이런 그림을 그려서까지 준비를 해야 합니까."

부모님은 죄인처럼 자식들의 눈치만 살폈다. 아무리 생각해도 그런 부모님을 이해할 수가 없었다. 아니 이해하지 않으려고 귀를 막았는지도 모를 일이다. 그러나 근 15년 동안 그 자리를 고수하고 있었음에도 변변한 사진 하나 찍어 드리지 못했으니 무심하기 짝이 없다. 갑자기 얼굴이 화롯불처럼 화끈거린다.

영정 사진. 죽음을 반길 이가 어디 있으랴. 더구나 자식들의 커다란 울타리고 버팀목인 부모님의 죽음을. 영정 사진을 준비하는 그 자체가 그것을 예견하는 것 같은 죄스러움에 애써 외면해 온 것이 사실이다. 삶이 소중한 이유는 언젠가 끝나기 때문이라고 하였다. 죽음을 준비하는 것도 삶의 한 과정일진대, 제대로 된 사진 하나 준비 못 함은 더한 불효로 이어질 것 같기에 마음을 달리해본다.

의학의 최첨단 시대라고 하지만 영원한 불로장생은 없으니 예고 없이 이별이 찾아올 수 있는 연세이기에 자연에 순응하면서, 건강한 모습을 남겨둠이 그리 슬픈 일만은 아니라고 자위를 해본다. 영정사진은 아닐지라도 적어도 벽에 걸려 있는 초상화만큼은 떼어내고 격조 있는 사진으로 교체하는 것이 도리일 것이다. 부모님의 온화한 미소까지를 추가해서. 영정 사진을 미리 찍어두면 오래 산다는 옛말도 있으니, 이 말도 한번 믿어봄 직하다.

상주에게 깊은 위로의 말을 전하고는 빈소를 나온다.

"아부지…. 아부지…. 미안해. 정말 미안해요."

옆 빈소에서 들리는 여인의 절규와 통곡 소리가 우리의 심금을 울린다. 울음소리가 결코 효를 가늠하는 것은 아니지만, 얼마나 많은 불효와 죄를 지었기에 뉘우침이 저토록 애절하단 말인가! 만사휴의萬事休矣다. 인생의 허무를 감지하면서 주문처럼 옛 시 한 구절을 읊조린다.

수욕정이 풍부지樹慾靜而 風不枝, 자욕양이 친부대子慾養而 親不待.

나무는 고요 하고자 하나 바람이 그치지 않고, 자식은 효도하고자 하나 부모는 기다리지 않는다.

다시 발걸음을 옮긴다. 돌아갈 길이 구만리다.

(좋은수필 2014년)

2부
그림자

그림자

뒤죽박죽된 일상이지만 자연은 오늘도 어김없이 순환의 질서를 이야기한다.

냇둑에 지천으로 피어 있는 망초 꽃향기가 너무 좋아 무작정 가지 하나를 꺾어와 화장대 위에 걸쳐 놓으니, 그 진한 향기가 온 집 안에 가득하다.

몇 년 동안 말이 많던 하천 부지 경작권이 어렵사리 우리에게로 넘어왔다. 자갈과 모래로 덮여 있으므로 제대로 된 논으로 쓰려면 수년 동안 공을 들여야 할 것이다. 남편과 나는 당장 급한 대로 큰 돌을 주워냈다. 갖은 우여곡절을 다 겪은 그 논에 첫 모내기를 하는 날이다.

차가운 바람이 불고 있었다. 노심초사하며 갓난아기를 대하듯이 비닐하우스 안에서 애지중지 보름 동안 키워온 어린 모를 넓고 험한 세상 밖으로 출가시키려고 하니, 공연히 마음만 분주해진다.

모판을 모두 싣고 들로 나왔다. 아카시아 꽃내음으로 채워진 초여름 들녘은, 심술 사나운 바람 때문에 산천이 부르르 떨고 있다. 흙먼지 일으키며 달리는 경운기 소리와 트랙터 소리, 이앙기와 양수기 돌아가는 소리가 또 다른 삶의 원동력으로 다가와 새 힘이 솟구친다.

얼마 전에 아주머니를 잃고 혼자되신 지수 아저씨네 논배미는 벌써 반이나 모가 심겨 있었다. 그러나 논 한가운데 퍼질러 앉아 꼼짝도 하지 않고 있는 양이 영 심상치가 않다.

"아, 글쎄 바빠 죽겠는데 이놈이 한 시간째 이러고 있네……."

얼굴이 벌겋게 달아오른 아저씨는 우리를 보면서 애써 화를 삭이며 태연한 척한다.

"이봐 조카! 안 조카한테 잘해줘. 그림자처럼 늘 그렇게 함께 다니는 것이 참 보기가 좋네."

오늘따라 아저씨의 모습이 너무도 측은하다. 한때는 마을의 잉꼬부부였건만…….

'찰칵찰칵' 어린모들이 파르르 떨면서 물속에 박힌다. 손을 내저으며 아우성치듯이 바람에 몹시 흔들리고 있다.

'모들아! 잘 견디어 주렴. 내일이면 좀 나을 거야.'

애처로운 마음에 한참을 그것들만 바라보고 있었다.

"뭐해 모판을 가져와야지. 그리고 뜬 모가 생기니까 저 둑을 터서 물을 아래논으로 내려가게 해봐."

앞자락이 흥건히 젖었으나 추운 것도 잊은 채 남편이 움직이는 대로 따라다니며 종횡무진이다.

부부는 일심동체一心同體라고 했던가. 인력이 모자라는 농촌에서는 이렇게 되지 않으면 살아나기가 버겁다. 일방통행이 아닌, 주체적인 서로의 판단으로 돕고 이해하지 않으면 논과 밭이 황폐해지고 말 것이다.

남편의 손놀림이 조금 전보다 더 분주해졌다. 그 넓은 논이 보기 좋게 푸른빛으로 변해 간다.

갑자기 어디선가 박장대소하는 소리가 들려온다. 고개 들어 둘러보니 경상도 집 논에서 모를 심던 아주머니들이 또 한 번 자지러지고 있다. 이유도 모른 채 남편과 나는 눈을 마주치며 덩달아 피식 웃어본다. 내 마음이 풍성하게 열리어 모포기 하나에도 진한 애정이 가며 모두가 정겨운 모습으로 다가온다.

마주 볼 수 있는 반려자가 있고, 그와 더불어 늘 그렇게 일할 수 있는 건강이 있다는 것이 얼마나 감사한 일인가. 일하는 기쁨이야말로 살아가는 보람이며 바로 이것이 생에 있어서 최대의 축복일 것이다.

이윽고 모내기를 다 끝내고 남편이 이앙기를 끌고 밖으로 나왔다. 기계나 사람이나 흙 범벅이 되어 몰골이 영 말이 아니다. 햇볕에 까맣게 탄 얼굴 역시도, 봄내 애쓴 이력이 그대로 나타나 새삼스레 콧날이 시큰해 온다.

부부란 무엇인가? 무채색의 그림자 같은 존재가 아닐까. 비록 태양의 방향에 따라 수시로 모양과 위치가 바뀔망정 한편으로 비켜서 늘 따라붙는 또 다른 모습의 나我가 아닐까?

어느덧 들녘 가득 저녁노을이 내려앉고 있다. 서둘러 트랙터의 시동을 건다.

길가 아카시아 나뭇가지 위에 둥지를 튼 까치네 가족이 트랙터 소리에 놀라 부산스럽다.

"여보! 까치가 풍년을 예고하네요."

"뭐라고! 안 들려!"

"세상에서 가장 눈부신 그림자가 당신의 그림자인 나래요 나!"

"뭣이라고!"

– 경기여성백일장 장원 작 –

(2000년)

까마귀는 말한다

모처럼 비가 내렸다. 겨울을 재촉하는 비다.

부지런도 병이 되어 일찍 담근 김장 김치가 추위도 오기 전에 벌써 익어 버렸다. 이상 난류 현상 때문일 터. 애꿎게도 매일 날씨만 탓하고 있었다.

다행히 이번 비로 인하여 기온이 뚝 떨어졌다. 바람이 맵차다. 갑자기 외투가 두꺼워지고 어깨가 잔뜩 움츠러들어 어느새 따뜻한 것만 찾고 있으니 인간의 마음은 왜 이리도 간사한 건지.

'까아악, 까아악'

날카로운 비명이 귓청을 찌른다. 주위가 몹시도 소란스럽다. 영문을 몰라 베란다 문을 열고 보니, 세상에 이게 웬일이란 말인가!

까마귀 떼다.

그 흉물스러운 모습에 놀란 나는 그만 기가 질려 말문이 막히고 말았다. 온통 까마귀 천지다. 전깃줄마다 빼곡히 늘어앉은 모습이 혁명군 같다. 어디가 끝이고 어디가 시작인지 도통 알 수가 없다. 시름없이 허공을 오르내리며 빈 날개를 퍼덕이면서 그들만의 군무群舞를 즐기듯, 괴성을 토해내는 것이 예사롭지가 않다. 섬뜩하기까지 하다.

"무슨 일이 일어날 것 같아요."

그도 그럴 것이 까마귀가 떼 지어 나타난 것이 어디 오늘뿐인가. 근래에 이런 광경은 여러 번 연출 되지 않았던가. 그런데도 그때마다 상서롭지 않음을 느끼는 것은 왜일까!

오비이락烏飛梨落과 까마귀의 암수를 구별하기가 어렵다는 뜻의 오지자웅烏之雌雄, 까마귀 고기니 밥이니 하면서 까마귀를 비하하고 또 검다는 이유 하나로 이렇게 천시까지 하면서 더욱이 사체死體를 먹는다 하여 흉조凶鳥로 여김은 옛 어른들의 정서 때문이라 여겨진다.

고원성 조류인플루엔자로 인하여 한반도가 또다시 불안에 떨고 있다. 철새 때문이라고 한다. 인간에게 밉상인 까마귀는 철새인가! 우리 곁에서 사시사철을 함께하고 있으니 텃새임에 틀림없는데, 철새처럼 저렇게 많은 무리를 지어 이동하는 것을 보면 어디로 가고 있는지 자못 궁금해진다.

세 사람이 길을 걷다 보면 그중에도 우두머리는 꼭 있기 마련이라고 한다. 저 수많은 무리를 통제할 수 있는 능력을 갖춘 대장은 도대체 저 중에 어떤 놈일까. 그들의 어지러운 몸짓만큼이나 내 머릿속도 이런저런 상념으로 어수선하다.

한참 만에 그들은 새까맣게 편대를 이루며 또 일제히 날아오르고 있었다. 오합지졸烏合之卒이라 했거늘 저 일사불란一絲不亂 함은 또 어찌 이해해야 하는가.

까마귀 검다 하고 백로야 웃지 마라
겉이 검은들 속조차 검을 소냐
겉 희고 속 검은 이는 너뿐 인가하노라.

사실이지 그들의 모습은 정말 흉물스럽기가 그지없다.

떠남을 알리는 울음소리마저도 사뭇 괴기스럽다. 오히려 인간에게 비아냥거리듯.

그렇다. 우리는 지금 많은 우愚를 범하며 살고 있다.

신문이나 매스컴에서조차도 외모를 중시하며 성형을 부추긴다. 겉모습만으로 사람을 평가하고 겉모습을 우선으로 여기는 세태가 된 지 오래다. 인지상정人之常情이라고, 이렇게 말하는 나 역시도 못생긴 사람보다 외모가 뛰어난 사람에게 호감이 가는 것은 어찌할 수 없는 노릇이다. 그러나 사람을 섣불리 판단은 하지말자고 이 아침에 스스로 반성하고 있다.

"반포지효反哺之孝라는 말 알지? 자네도 서둘러 조반 준비해서 늙으신 어미 봉양해야 하지 않겠나."

어느 틈에 나와 있었는지 남편은 내게 웃옷을 건네며 말을 걸어온다.

갑자기 휴대폰 소리가 요란하다.

"위암으로 고생하던 웃말 광덕아저씨가 조금 전에 돌아가셨다네."

(농어촌여성문학 2007년)

통通했습니다

본격적인 모내기철이다.

"이장! 모쟁이 할 장정 두 사람만 줘, 여기서 짓는 농사도 올 농사로 끝이라는데 허리가 아파서 당최 뭘 할 수가 있어야지 원."

"뜬 모가 너무 많아서 큰일 났어."

일꾼이 필요해서 나온 분들은 모두가 노인뿐이다. 시골 어느 곳에서나 볼 수 있는 고령화 현상이다.

이른 봄, 볍씨를 뿌릴 때도 군인들이 대민 지원을 나와서 수월하게 출정식을 했는데 고맙게도 이번에도 지원을 나왔다.

우리 집도 모내기가 시작되었다. 작년에 모내기를 끝내고 대충 손을 봐두었던 이앙기가 무슨 이유인지 기름이 새면서 작동이 되지 않는다. 손과 얼굴에 기름 범벅이 된 남편은 신경이 무척 예민해 있다.

'그러기에 시간이 있을 때 시운전을 해봐야 하는 건데…'

슬슬 기어 나오는 푸념을 참고 있자니 속이 끓는다. 농기구 수리점에 출장을 의뢰했지만 쉽게 나올 수 없는 상황이란다. 전화로 문의해가며 한나절을 기계와 씨름을 한 후에야 겨우 작동이 되었다.

푸른 유니폼이 저토록 아름다웠던가. 패기만만한 젊은 군인들로 인하여 모처럼 농로는 활력이 넘치고 생동감으로 술렁인다.

오늘따라 유난히도 더운 날이다. 한여름을 방불케 한다.

생각해 보면 이들의 지원이 얼마나 고맙고 기분 좋은 일인지 모른다. 인연이란 참 묘하다. 우리의 첫 만남은 싸움으로 시작되었다. K-55 비행장과 인접해 있는 우리 마을 황구지가 작년 이맘때 느닷없이 미 2사단 대체 부지로 확정됐다는 통지를 받았다. 비행기가 이착륙할 때마다 내는 엄청난 소음도 단지 고향이라는 이유만으로 말없이 감수하며 살아왔거늘, 이제는 고향마저 빼앗길 위기에 처한 것이다. 분개한 마을 사람들이 끝내 국방부 청사로 몰려갔다.

'우리는 한 치의 땅도 양보할 수 없다.'

'우리는 끝까지 고향을 지킨다.'

촌로들은 그곳에서 진압봉과 방패를 든 의경들과 마주섰다. 그들은 우리의 행동거지를 주시하고 제지하면서, 요란한 군화 소리로 우리를 압도했다. 국방부 장관과의 면담을 요구했지만 끝내 만날 수 없었다. 하물며 청사 안의 화장실을 가려고 하는 어른들을 방패로 막는 바람에 몸싸움까지 벌여야만 했다.

"야 이놈들아! 너희들은 에미 애비도 없단 말이냐! 최소한의 볼일도 허락 못 하는 이 망할 놈의 자식들!"

많은 집회가 있었다. 그때마다 본의 아니게 주민들과 의경은 크고 작은 마찰을 겪어야만 했고, 서로에게 상처를 주면서 지금에 이른 것이다.

국책사업이라고 하였다. 자력으로는 도저히 풀 수 없는 일임을 알고 우리는 끝내 포기하고 말았다.

이제는 이전 기획단과 국방부 대책위, 주민 대책위, 정보과 형사가 수시로 만나서 많은 대화를 나누며, 공생의 길을 모색하고 있다. 그러나 전반적인 사회 인식이 정부 사업에는 늘 이권이 개입되어 왔기 때문에 주민들은 대책위원들을 불신하며 문제를 제기해 왔다. 이러한 과정을 거치며 생긴 애증이었을까! 국방부 대책위에서 뜻밖에도 대민 지원을 해온 것이다. 개중에는 선심성이니 사탕발림이니 하면서 그들의 성의를 곱지 않은 시선으로 바라보는 이들도 있다. 그러나 인력이 아쉬운 판국에 더없이 고마운 일이 아닌가.

지금 마을은 농번기임에도 불구하고 한쪽에서는 감정 평가단이 들어와 지장물 조사를 하느라 어수선하다. 이제 보상문제가 큰 과제다. 아직도 우리의 싸움은 끝나지 않았다.

아카시아 꽃향기가 코끝에 와 닿는다. 논갈이하는 트랙터 뒤를 왜가리들이 열심히 따라다니며 먹이를 찾고 있다. 기계와 사람과 왜가리가 한 조가 된 모습이 신기한 듯, 모를 깁던 군인들이 일손을 놓고 넋이 빠져 있다.

머지않아 우리는 이 정든 고향을 떠날 것이다. 수구초심首丘初心이라 했다. 흔적도 없이 사라진 고향을 그리워하며 우리는 슬픈 망향가를 부를 것이다. 마루 뜰 논배미마다 지천으로 피었던 망초꽃 향기와 죽음을 거부하는 몸짓으로 거칠게 항변하던 오염된 황구지천을 우리는 결코 잊지는 못할 것이다. 또한, 우리의 귀를 멀게 한 F-14 편대의 지독한 굉음과 CPX 사이렌 소리마저도 짙은 향수가 되어 진정 서럽도록 그리워 할 것이다.

군인들의 점심이 도착했다는 연락이 왔다. 주민들에게 민폐를 끼치지 않으려고 식사까지 자대에서 준비를 해온 듯싶다.

"어머니! 짬밥 한번 드셔 보시겠어요?"

(농촌사랑전국 주부글잔치 입상작 2005년)

고향이 뭐길래

"아니! 택지 문제는 언제 해결 나는 겨? 철근값도 오르고 건축 자재값도 다락같이 올랐는데 우리 이러다가는 집도 못 짓는다는 소리 나는 거 아녀?"

2003년 어느 날 느닷없이 불어 닥친 회오리바람이었다. '주한미군기지 평택 이전.' 조상 대대로 농사를 천직으로 여기며 지켜온 그 문전옥답에 군부대가 들어온다는 말에 우리가 얼마나 분노하며 또 절망했던가.

그러나 사람의 마음같이 간사스러운 것이 또 있을까. 이주단지의 토지 매입 과정에서 시와 땅 주인과의 마찰로 이주가 늦어지자, 오히려 주민들이 더 조바심을 내고 있었다.

생각해 보니 이주를 코앞에 두고 세상을 떠나신 분들이 여럿이다. 개중에는 눈에 흙이 들어가기 전까지는 절대로 고향을 떠나지 않는다고 고집하셨던 어른들도 있다. 격세지감을 느낀다. 그 어른들에게는 고향이 무엇이었을까!

집단 이주에 합류하지 않은 사람들은 벌써 고향을 떠나 낯선 곳에서 뿌리를 내리고 있다. 그들이 떠난 그 빈자리는 잡초가 무성하고 녹슨 호미와 깨어진 빈 항아리만 나뒹굴 뿐, 말 그대로 폐허다. 마을이 아무렇게나 방치된 현실이 참으로 개탄스럽다.

불신과 반목, 번민과 갈등의 많은 우여곡절을 거치며 이제는 이주 단지에 집을 지을 수 있는 모든 준비가 끝났고 건축 허가도 떨어졌다. 지금 그곳은 함께 이주할 사십여 가구의 집을 짓느라 어수선하다. 낯익은 얼굴들과 함께 떠나 더불어 새 터전을 일굴 수 있다는 것이, 얼마나 다행인지 모른다.

그곳 이주 단지는 지금 우리가 사는 마을에서 그리 멀지 않은 곳에 있다. 지금까지 살아왔던 고향 마을과는 전혀 다른 도회지풍의 세련된 마을이 조성되고 있다. 촌부인 나는 도시의 주택가와 조금도 다를 바 없는 그 천편일률千篇一律적이고 획일적인 분위기가 영 마뜩찮다. 수시로 드나들던 텃밭은 시야에서 멀리 벗어나 있고, 더구나 농기계가 마음대로 드나들어야 할 널찍한 터가 없음이 못내 아쉽다.

공사를 일찍 시작한 사람들은 벌써 이사할 준비를 서두르고 있다. 내년 3월까지는 마을을 모두 비워야 하고 추위가 오기 전에 마무리해야 하므로 사람들의 마음이 조급해졌다.

"오늘은 새 마을에 제초 작업이 있으니, 낫과 호미를 가지고 9시까지 마을 회관으로 나와 주시기 바랍니다."

공지사항을 알리는 방송이다. 일일 운전기사로 나선 나는 일찍부터 서두르는 어른들 성화에 못 이겨 빨래하던 손을 놓고 운전대를 잡았다. 차가 바람을 가르며 새 마을을 향해 질주한다.

아침저녁으로는 선선하지만, 한낮의 열기는 매우 따갑다. 예쁘게 조성해 놓은 공원은 어느새 잡풀이 무성하게 자랐다. 호미로 몇 번씩 파헤쳐야만 간신히 뿌리가 뽑힐 정도다. 손목에 힘을 주어 힘껏 잡아당기다가 이내 엉덩방아를 찧고 말았다.

“왜 그래? 이 땅이 얼마나 비싼 땅인데. 이장 마누라 엉덩이 깨지는 것보다 이 비싼 땅이 깨질까 봐 더 걱정이네.”

괜스레 얼굴만 달아오른다.

대다수가 관절로 다리가 많이 불편한 어른들이라서, 공원 바닥에 철퍼덕 주저앉아, 그야말로 잡초와의 전쟁을 치르고 있다. 남자들은 큰길가 도로변에서 낫과 예초기로 웃자란 풀을 베느라 땀범벅인 채 모두가 얼굴이 벌겋게 상기 되어 있다.

“떡하고 시원한 물 좀 드세요”

상량식을 막 끝낸 성은 네서 떡과 과일, 그리고 막걸리를 푸짐하게 차려 내왔다. 꿀맛이다. 때맞추어 불어오는 바람이 모든 시름을 잊게 해준다. 무사고로 멋진 집이 완공되길 바라며 그 집에서의 행복도 빌어본다

세상만사가 뜻대로 된다면야 오죽이나 좋을 까보냐. 세상은 보는 대로 있다고 바라보는 각도에 따라 천차만별이다. 그렇다. 사람 사는 곳이야 어딘들 다르랴. 지금까지의 위기가

또 다른 기회가 됐음을 감사하며 좀 더 밝고 긍정적인 마음으로 마을을 바라본다. 이보다 더 복 될 게 없다 싶다.

마을 공사장에서는 망치 소리가 끊이지 않고 기계의 마찰음과 또 레미콘 소리까지, 소음이 굉장하다. 그 온갖 소음마저도 지금은 살갑게 느껴진다.

잃어버릴 고향보다도 새로운 터전에 대한 기대로 난 벌써 마음이 설렌다. 희망이 있다는 것은 참으로 행복한 일이다.

마을 하늘엔 구름 한 조각이 유유자적悠悠自適 떠가고 있다.

(농어촌여성문학 2010년)

축제

김장철이 다가왔다. 지난해 폭염과 폭우로 인해 심각한 배추 파동을 겪은 터라 저마다 정성을 다한 탓인지 올해는 밭마다 실한 배추가 너울너울한 건 좋지만 풍작으로 배춧 값이 또 폭락하고 있다니 심히 걱정스럽다.

배추 하나를 뽑아 들고 보니 꽤 묵직하다. 전에는 결구를 위해서도 그렇고 병충해와 냉해를 막기 위해서 배추를 짚으로 둥글게 모아 묶기도 했지만, 요즈음은 그렇게 하는 집이 드물다. 그래서일까. 진딧물이 극성이라고 한다. 이 때문에 부랴부랴 김장하는 집들이 늘었다. 배추 속을 헤집어 보며 밭을 한 바퀴 둘러보니 우리 밭의 배추는 멀쩡했다.

월동 준비로 가장 큰일은 역시 김치를 담그는 일이지 싶다. 김치 담그는 일이 가장 쉽고 간단하다고 말하는 이도 있다. 매번 담그는 일이라 손에 익어서 그럴 법도 하지만 나에게는 김치 그 일이 그렇게 쉽지만은 않다. 김장하는 배추 포기 수가 몇 년 사이에 많이 줄었음에도 할 때마다 걱정이다. 나이가 든 탓인가 보다.

요즈음은 시간과 수고를 아끼기 위해서 절임 배추를 사다가 김장을 하는 집들도 많아졌다고는 하지만, 가족의 건강과 입맛을 지켜가며 아직은 내 손을 고집하고 싶다.

통이 크면 절일 때 힘이 들고 맛도 덜할 뿐더러 김치가 무를 수가 있다고 하니 더 커지기 전에 우리도 서둘러서 김장을 해야 할 것 같다. 이번 주말쯤엔 형제들에게 비상소집 명령을 내려야겠다.

김장하는 날은 잔칫집 이상으로 시끌벅적한 우리 집이다. 인정 많은 이웃 아주머니들과 적지 않은 9남매의 형제들로 그야말로 축제 분위기다.

방앗간을 하는 형님은 떡을 준비해 오시고, 횟집을 하면서 맛집으로 유명세를 치르고 있는 막내 시동생은 전어 무침과 여러 가지 횟감을 준비해 온다. 그리고 감나무와 밤나무가 많은 야산을 사서 전원생활을 즐기고 있는 시누이는 달짝지근한 대접 연시를 한아름 안고 온다.

금강산도 식후경이라고 각자가 정성스레 준비해온 음식으로 입을 달랜 후 본격적인 축제 속으로 빠져든다. 김장은 공동 작업으로 여럿이 수다를 떨면서 해야 제 맛이 난다고 했다. 그래서일까? 형제들은 우리 집 김치가 제일 맛있다고 칭찬을 아끼지 않는다. 마음이 여린 난 그 추임새에 속아 해마다 배추 200여 포기를 준비해 놓고 우리 집안 축제를 기다리곤 한다.

김장할 때 좋은 재료를 써야 함은 누구나 다 아는 기본상식이다. 배추는 농약을 쓰지 않은 유기농 배추를, 소금은 간수를 뺀 묵은 국산 천일염을, 액젓은 뒷맛이 담백하고 고소한 것을 써야만 겨우내 식구들의 입맛을 사로잡을 수가 있다.

그러나 가장 중요한 것은 뭐니 뭐니 해도 가족 간의 끈끈한 사랑이 아닐까 싶다. 이 사랑은 관심과 배려일 터이다. 음식은 또 손맛이라 하였다. 욕심을 내려놓은 그 따뜻한 손으로 김장하는데 김치가 어찌 맛이 없을까 보냐. 피는 물보다 진하고, 혈육의 정은 하늘이 주신 천륜이거늘 하늘이 주신 정리를 그 누가 막으랴.

배추밭 옆 석유 집에서는 왁자지껄하니 김장이 한창이다.

"수미야! 너무 살았어. 좀 더 숨을 죽여 봐."

"그만하면 됐어요. 더 죽으면 안 좋아요."

죽이라느니 살리라느니 의견이 분분하다. 듣고 있노라니 웃음이 절로 난다.

뻣뻣한 배춧잎이 소금에 적당히 절여져 부드러워지듯이 우리의 모난 행동과 마음이 이해와 사랑이라는 소금에 적당히 죽어만 준다면 아마도 세상은 지금보다도 더 아름다운 세상이 되지 않을까 싶다.

배추를 반으로 잘라보니 틈새가 보이지 않을 정도로 속이 꽉 차 있다. 꽤 먹음직스럽다. 배추 한 통으로 금세 저녁상이 풍성해졌다. 배춧속의 노란 고갱이가 고소하다 못해 단맛까지 돌며 아삭아삭하니 정말 맛있다.

찬바람이 불고 있다. 그러나 그다지 맵지 않은 바람이다. 우리 집 축제가 있는 이번 주말까지 이대로 춥지 않았으면 하는 바람이다. 나는 여전히 욕심꾸러기인가 보다.

(농어촌여성문학 2012년)

떡국 드셨습니까?

설 대목이다. 일찍 서둘러서 출발하였건만 방앗간은 벌써 북새통을 이루고 있다. 쌀 빻는 기계는 제 혼자 돌아가고, 잠시 비켜서서 주문 전화를 받는 형님의 목청도 한껏 높아 있다

쉼 없이 돌아가는 기계 소리와 왁자지껄한 입방아 소리가 마치 잔칫날 같다. 꼬리를 물고 줄지어 늘어 놓은 불린 쌀 다라이들이 몹시도 정겨워 보인다.

명절 대목마다 우리 형제들은 이곳 남양 큰형님 댁에 와서 바쁜 일손을 돕고 있다. 서둘러 작업모를 쓰고 앞치마를 두르면서 기계 앞에 섰다. 낯익은 할머니들이 아는 체를 하신다.

"올해도 동생들이 애쓰네. 이 집 식구들은 형제간의 우애가 어쩜 그리도 좋은지 몰라."

불려 온 쌀을 저울 위에 놓고 무게를 단다. 설 대목 때마다

다년간 해온 일이라서 난 이 일이 손에 익었다. 적은 양의 소금일지라도 그 양도 정확하게 달아야 한다. 아주버님은 대충이라는 것이 없다. 매사가 철두철미하므로 떡쌀 무게에 맞는 소금의 양도 정확히 연구해서 벽에 붙여 놓고 그것대로 실천하고 계시다. 그래서인지 근동에서는 형님네 방앗간 떡이 맛있기로 정평이 나 있고, 사시사철 손님이 끊이지 않고 늘 붐빈다.

빻아진 쌀가루를 가져다가 스팀 찜기에서 쪄내는 일과 가래떡을 빼는 일은 남편의 몫이다. 가장 중요한 일을 맡은 셈이다. 떡 나오는 기계는 연신 떡을 뽑아내고 또 가끔 오색의 가래떡도 선보여 눈과 입을 즐겁게 한다. 쉴 새 없이 물속에서 떡을 건져내어 일정한 길이로 잘라내는 시누이는, 허리 펼 시간조차 없다고 비명을 지른다. 예쁜 손이 퉁퉁 부어 있다. 떡은 기계에 여러 번 들어갔다가 나올수록 차지고 맛도 좋으므로 그 수고로움이 여간 아니다.

노인회장님이라 불리는 할머니께서 떡가래를 가져와 강제로 내 입에 밀어 넣어 준다.

"먹자고 하는 일인데, 먹어가면서 하슈."

변함없는 방앗간의 인심이다. 쫀득쫀득한 것이 입에 착 달라붙는다.

예나 지금이나 나는 가래떡을 무척 좋아한다. 참기름을 발라 먹는 것도 좋아하지만 단 것을 좋아했던 어린 시절엔 조청을 발라 먹는 재미로 이때가 되면 얼마나 행복했는지 모른다. 일 년에 한 번 설에만 먹을 수 있는 가래떡 빼는 이 날을 또 얼마나 기다렸던가. 다가올 설보다도 더 기다렸던 날이 아마도 오늘 같은 날이었지 싶다. 또한, 세월의 느림을 탓하며 빨리 나이 한 살을 더 먹고 싶어서 안달하던 때도 그 시절이었다. 오로지 떡국을 먹어야만 나이를 먹는 줄 알고 떡국에 욕심을 내던, 그 어린 날들이 새삼 그립다. 요즈음은 이 가래떡도 철없이 언제든 쉽게 먹을 수 있는 음식이기에 아이들도 나이와는 무관한 음식쯤으로 여기고 있을 터이다.

"움에! 누구 솜씨인지 석봉 엄니가 울고 가겠네."

건조실 앞에서 절단기로 꾸덕꾸덕해진 떡가래를 썰던 고모부가 큰소리로 생색을 내고 있다. 그도 그럴 만하다. 아무리 기계로 썬다지만 높은 경지에 달해 있는 것만은 사실이다. 동글동글하니 일정하게 잘린 것이 깔끔하고, 꽤 먹음직스럽다. 이 역시도 다년간의 경험이 낳은 결과물이다. 요즈음은 가래떡도 이렇게 방앗간에서 썰어 가기 때문에 명절을 준비하는 주부들의 손이 훨씬 수월 해졌을 것이다. 참으로 편리한 세상이다.

갑자기 평상 쪽이 시끄럽다.

"그러게 자식들에게 험한 꼴 안 보이려면 건강해야 한다니까. 옛날엔 이 가래떡을 먹으면서 무병장수를 빌었다지만, 오래 살기만 하면 뭐하나? 건강해야지."

나이를 불문하고 어디서나 건강이 최대의 관심사다. 건강론에 열이 올라 있는 아주머니들은 순서마저도 잊은듯했다.

설과 떡국. 설에는 모두가 나이를 먹는다. 나이 먹는 것이 달갑지 않은 게 나 뿐만은 아닌가 보다. 오죽하면 나이 먹는 것이 서러워 '섧다'에서 설이 유래됐다는 말이 있을까. 그러나 나이를 먹고 늙어 감은 자연의 질서고, 법칙인 것을 어쩌랴. 살아온 세월만큼의 이해와 배려와 감사로써 새 각오를 다지면서 새날을 맞고 싶다.

"이봐 새댁! 나 장 흥정 좀 해서 올 테니 이거 반말은 떡볶이 떡으로 빼 주구려."

나더러 새댁이라고 했던가!

~ 어럴 럴럴 상사디야 ~

(좋은수필 2013년)

피서

연일 폭염이 기승을 부리고 있다. 가히 살인적이다.

더위를 피하여 시원한 곳으로 옮기는 것이 피서라 했다. 정말 무더위를 피해 어딘가로 피신해야만 할 것 같다.

다행히도 혹서기酷暑期가 시작될 무렵 호박 농사가 마무리 되었다. 우리는 외국인 근로자들을 두고 시설 채소로 호박 농사를 짓고 있다. 지금은 2모작을 준비하는 과정이라 그리 바쁘지 않고, 벼농사 역시도 어정 7월 건들 8월을 맞아 일 년 중 가장 한가할 때다. 그동안 라오스 부부가 작물을 알뜰살뜰 보살핀 덕으로 1모작 농사도 잘 지었기에 그들에게 보답하는 의미로 휴가를 계획하고 있었다. 라오스는 내륙의 나라로 바다가 없고 또, 철도가 없다고 한다. 그래서 이 친구들에게 최상의 바다를 보여주기 위해서 동해로 갈까 서해로 갈까 날마다 설왕설래說往說來했다.

라오스 친구들과 인연을 맺은 건 3년 전이다. 사실 첫인상은 별로 내키지 않았지만 원래 바쁜 시기여서 이것저것 따질 겨를도 없이 선뜻 작업장으로 데려왔다. '사람은 외모로 취하지 말라'는 말이 있듯이 그것은 우리의 큰 오해였다. 그 친구들은 삼십 초반의 나이로, 매우 성실하고, 남자친구는 머리 회전이 빨라 남편이 매우 흡족해했고, 여자친구도 깔끔함이 맘에 들어 우리는 금방 가까워졌다. 그들의 생각과 판단을 존중해 주며 가족처럼 대하니, 그들도 그 마음을 알고 스스로 일을 열심히 했다. 역시 진심은 통했다.

그런데 여자 친구가 가끔 두통을 호소해 왔다. 걱정이 되어 그를 일반 병원과 한의원을 데리고 다니며 진료를 받아 보았는데, 별다른 병명은 없었다. 더위 때문인가 하여 한약까지 지어주었다. 쓰다는 이유로 먹는 둥 마는 둥했는데도 약효가 있었는지 아프다는 말을 덜 해 다행이다 싶었는데 어느 날, 그네가 갑자기 하우스를 떠나겠다는 것이다. 이유는 머리 아픈 것이 미안하기도 하던 차에 친구가 공장을 추천한 듯싶었다. 두통이야 이해할 수 있다고 설득했지만 마음을 돌릴 수가 없었다. 자기들이 수소문하여 일할 사람을 들여놓고, 이틀 동안 일을 전수하고는 하우스를 떠났다. 서운했지만 어쩔 수 없는 노릇이 아닌가.

새로 온 친구들은 태국 부부였다. 성실하게 일은 하지만 작업 능률이 오르지 않고, 미숙함으로 인해 작물도 피해가 오고, 호박 수확량도 터무니없이 떨어졌다. 현장에 뛰어들지 않던 남편도 합세하여 일을 해보지만 역부족이었다. 구관이 명관이라는 말이 딱 맞는 말이다. 하루하루 나아지겠지 하며 기다리고 있는데, 라오스 친구들에게서 연락이 왔다. 일자리를 구하고 보니 주위 환경과 사장님의 대우가 맘에 들지 않는다며 다시 우리 집 하우스로 오고 싶다는 것이다. 사실 우리도 그러고 싶은 마음은 굴뚝같지만, 선뜻 대답할 수가 없었다. 라오스 친구들은 사흘이 멀다 하고 의사를 타진해오고, 태국 친구들은 나아지기는 하였음에도, 여전히 우리를 힘들게 하였다. 이때 근처에서 급하게 일꾼을 구한다는 소식이 날아들었다. 너무나 반가운 소식이었다. 태국 친구들에게 마음 상하지 않게 양해를 구하니 선뜻 응해 주었다. 이렇게 고마울 수가. 다음날 라오스친구들이 다시 돌아오고 태국 친구들은 옆동네로 옮겨 갔다. 한 달 만의 귀환이다.

라오스 친구들이 돌아오니 하우스 안이 갑자기 생기가 돈다. 집 나간 것을 후회하며 더 열심히 하겠다고 눈물까지 글썽였다. 우리는 돌아온 탕자를 맞이하듯 더없이 기쁜 마음으로 따뜻하게 그들을 보듬어 안았다.

"컵 짜아드 컵 짜이드"(고맙습니다)

그 친구들과 함께 피서를 왔다. 우선 집에서 그리 멀지 않은 제부도를 먼저 들렀다.

물때에 따라 바닷길이 열리는 이곳이 무척이나 신기한 듯 드러난 바닥을 한없이 바라만 보고 있다. '모세의 기적'을 아느냐 물었더니 모르고 있다. 괜한 것을 물었나 싶다.

갯벌 체험을 온 가족 단위의 여행객들이 참으로 많다. 그 무리 속에 끼어서 꽃게와 조개를 잡으며 모처럼 그들이 신이 났다. 갈매기를 벗 삼아 셀카봉으로 열심히 추억도 만들면서 그야말로 무아지경이다.

우리는 다시 차를 몰고 달려서 서산의 삼길포 항으로 왔다. 배를 타보지 않았다는 그들에게 승선의 경험도 맛보였다. 여자 친구가 뱃멀미를 심하게 하는 바람에 신랑이 무척이나 애를 먹었는가 보다. 그로 인해 부부애는 더더욱 돈독해진 듯했다.

"사장님 사모님! 감사합니다, 사랑합니다. 우리는 해피해요."

두 손을 모아 감사를 표한다. 온순함과 예의가 그대로 전해진다.

"호박 사랑해. 부자 해요."

호박 잘 키워서 부자 되라는 말일터. 그들의 마음 씀씀이가 그저 고마울 뿐이다.

라오스는 전체 국민의 95%가 불교를 믿는다고 한다. 그래서인지 날마다 하우스 한 모퉁이에 커피와 조그맣게 뭉친 밥알을 올리고, 기도로 하루를 시작한다. 자국과 자녀의 안녕을 기도하고, 더불어 하우스의 복까지 빈다는 말에 감동했다. 부처님을 만나러 절에 들른다고 하니 매우 좋아한다. 라오스에서는 집 가까운 곳에 사원이 많아서 사원을 쉽게 드나들며 부처님과 함께 생활하다시피 한다는데 여기서는 그것이 쉽지 않으니 측은지심이 인다.

수덕사에 들렀다. 전날도 그러했지만, 불볕더위도 아랑곳없이, 사찰 모두를 휴대폰에 담아 가려는 듯, 연신 셔터를 눌러 대는 통에 갈 길이 더뎌진다. 느릿느릿함이 라오스인의 삶이라더니 이곳저곳을 찬찬히 살피며 여행의 참맛을 제대로 즐기고 있다.

대웅전 안으로 들어선 그들이 무릎 꿇어 기도하고 있다. 그 모습이 매우 진지하다. 이방인을 바라보는 부처님의 미소가 오늘따라 더 온화하다.

(좋은수필 2016년)

잔치를 벌이자

기온이 뚝 떨어졌다. 지붕마다 된서리가 하얗게 내려앉았고, 푸르렀던 농작물들은 후줄근하니 다 풀이 죽어버렸다. 그러나 간밤에 내린 무서리 속에서도 국화는 의연한 채 더욱 화려한 빛깔과 향기를 뽐내고 있다. 각자의 자리에서 저마다의 꽃을 피우기 위해서 봄부터 가을까지 그 긴 시간을 인내하며 견뎌낸 이들이라면, 어느 꽃보다도 이 국화꽃이 더 특별하지 않을까 싶다. 소쩍새와 천둥소리마저도 인제는 평안히 깊은 잠에 빠졌으리라.

"김장은 언제쯤 할 거야?"

입동이 지나고 기온이 내려가자 사람들은 또 걱정이다. 예전 같으면 날짜를 잡고 할 터이지만 올해는 김장하는 날을 미리 정하질 못하고 있다.

무와 배추는 재배 기간이 짧은 편이다. 보통 70일 정도로 9

월 초순쯤 정식하여 11월이면 수확을 하게 된다. 그런데 올해는 태풍으로 인해 파종할 시기를 놓쳐서 제때에 심지를 못하였고, 또 속이 들 즈음엔 질금거리는 비 때문에 속이 찰 시간이 없어서 배추는 아직도 속이 부실하다. 무도 마찬가지다.

배추는 속이 차야만 달고 맛있다. 노란 부분이 많아야 단맛도 좋고 또 상품성도 인정받건만 김장밭을 바라보는 농부들의 마음은 영 편치가 않다.

"배추 자라는 것도 시원찮은데 벌레는 또 왜 그리도 극성인지. 쯧쯧쯧"

신발과 바짓가랑이가 젖는 것도 모른 채 이웃 아주머니들은 서로 시샘하듯이 새벽잠을 설쳐가며 날마다 벌레와의 전쟁을 치르고 있다. 모든 '농작물은 주인의 발소리를 듣고 자란다.'고 마음 급한 농부들은 벌레를 핑계 삼아 주인의 발소리를 들려주며 빨리 자라기를 기도하고 있는지도 모를 일이다.

배추는 찬바람이 불면 자력으로 잎을 안으로 모아 결구를 하고, 추위에서도 영하 3도까지는 잘 견뎌낸다. 그러나 결구를 기다리기엔 너무나 빨리 겨울이 코앞에 와 있다. 급한 마음에 며칠만이라도 배추가 쉬 자라도록 큰 비닐을 준비해 밭 전체를 다 덮다시피 하였다. 마치 이불을 덮은 듯하다.

속이 차지 않은 배추를 보면서 잠시 또 나를 돌아본다. 어찌 보면 바보 같다고나 할까. 매사에 실수투성이고 부족함이 너무도 많다. 속이 꽉 찬 사람은 '큰 강과 같고 가득 찬 물 항아리 같다'고 하였다. 사리 분별이 정확하고 분명해 어떤 일에도 흔들림이 없는 현명한 사람, 속 찬 배추를 선호하듯 난 늘 이런 사람을 동경하고 또 존경한다. 할 수만 있다면 속이 꽉 찬 사람이 되고 싶다.

곧 김장을 할 것이다. 옛 어른들은 입동을 전후로 해서 담근 김치가 가장 맛있다고들 하였다. 그러나 요즈음은 지구온난화의 영향과 김치 냉장고의 보급, 또 아무 때나 쉽게 구할 수 있는 것이 또 김장 재료이다 보니 집집이 김장하는 시기가 일정치가 않다. 그리고 '겨울의 반양식'이라 해서 예전엔 으레 담가 먹었지만, 지금은 그것도 아니다. 즉석식과 간편식에 익숙해진 탓도 있겠지만, 김치를 담가 먹을 엄두를 못 내는 주부들이 시댁과 친정에서 얻어다 먹기 때문일 게다. 그러나 담근 김치의 감칠맛 나는 그 손맛을 잊지 못하는 이들은 불편함을 감수하면서 계속 김치를 담아낼 것이다. '김치 없인 못 살아'를 외치면서 말이다.

"유통기한도 없는 김치 많이많이 해요. 몸에 좋아요."

캄보디아에서 시집온 민지 엄마의 말이다.

그렇다. 김치는 이제 세계인이 관심을 두는 음식이다. 김치가 김장 문화와 함께 유네스코 인류문화유산으로 등재되었다고 하니, 이 얼마나 자랑스러운 일인가. 세계가 인정한 '발효과학의 결정체 김치. 우리의 건강 지킴이인 이 김치를 우리가 공부하고 사랑하지 않으면 안 될 일이다.

이웃 간 나눔의 정을 실천하는 김장 품앗이조차도 이방인의 눈에는 예사로워 보이지는 않았나 보다. 김장 날 풍경은 우리가 보아도 참 훈훈한 모습이다. 김치와 김장 문화의 지혜가 전승傳承이 되어 가치를 인정받으니 이보다 더한 기쁨이 있을까!

옆집 경수씨네 밭이 시끄럽다. 주말을 이용해서 내려온 자녀들이 알타리를 뽑으며 무엇이 그리도 즐거운지 웃음소리가 밭을 떠나지 않고 있다. 애완용 견공犬公마저도 온 밭을 휘젓고 다니며, 참견하는 통에 배추가 짓이김을 당하고 있다. 이 일을 어쩔거나. 그래도 경수씨 아버지는 좋단다.

"내버려둬라. 지도 김장하는 날이 잔칫날인 줄 알고 좋아서 그러는 걸, 아무려면 어떠냐."

배추밭을 덮은 비닐 포장이 바람에 펄럭인다. 속에 갇혀 답답하겠지만, 며칠만 참고 견디면 스스로 성장하여 단단해질 것이다.

속없던 배추가 묵직한 배추로 거듭나는 그날엔, 멀리 있는 형제들과 이웃을 불러 모으리라. 수육도 삶고 시원한 막걸리도 준비하여 시끌벅적 신명 나는 김장잔치를 벌일 것이다.

그나저나 한파가 올 모양이다. 김장밭 비닐을 꼭꼭 더 여며야겠다.

(좋은수필문학 2015년)

복달임

복날이다.

점심에 마을회관에서 삼계탕을 먹는다는 이장님의 방송이 어제부터 있었다. 복달임을 한다는 것이다. 복달임이란 삼복에 더위를 이기기 위해서 고깃국을 끓여 먹는 풍습을 이르는 말이다. 조선 시대에 궁중에서 임금님이 신하들에게 더위를 이겨 내라는 의미로 쇠고기를 하사한 데서 유래되었다고 한다. 소고기를 쉽게 구할 수 없는 일반 서민들은 개고기나 닭고기로 대신하며 시원한 물가를 찾았다고 하니, 더위를 이긴다기보다는 여유와 넉넉함으로 더위를 즐기며 보신과 액厄을 물리친 듯싶다. 나물과 김치로만 연명하던 그 시절 옛 어른들의 지혜가 새삼 가슴에 와 닿는다.

복달임. 살찔 것을 염려하여 고기를 피하는 현대인에게 이것이 의미가 있을까마는 복날의 보신탕과 삼계탕집 앞에 늘어선 줄을 보노라면, 몸보신 하는 열정은 예나 지금이나 별반 다를 것이 없는 듯하다.

복날 유세를 하는지 날이 무척 덥다. 한바탕 소나기라도 퍼부으면 좋으련만, 비가 올 듯 말 듯 애간장만 태우고 마니 이 노릇을 어찌할꼬. 그런데도 기상청은 날마다 소낙비 예고다. 이른바 마른장마란다.

다시금 방송이 흘러나온다.

"주민들께서는 한 분도 빠짐없이 회관으로 오셔서 삼계탕을 드시기 바랍니다."

이열치열以熱治熱. 큼지막한 양은솥에선 연신 김이 오르고 삼계탕 익는 냄새가 구수해질 무렵, 어른들이 하나둘씩 회관으로 모여들면서 마을 잔치가 시작되었다. 서로 간의 정을 나누는 소중한 시간이다. 도시에서는 좀처럼 볼 수 없는 아름다운 풍경이리라. 상을 펴고 음식을 나르고 젊은이들은 저마다 분주하다. 젊다고는 하지만 모두가 환갑을 전후한 나이들이다.

"젊은것도 죈가? 늙은이들 때문에 욕보네."

자신을 스스로 지칭하는 늙은이라는 표현이 영 귀에 거슬린다. 젊은이들을 따라다니며 비 오듯이 흐르는 땀을 수건으로 손수 닦아 주시면서, 어른들은 또 좌불안석左不安石이다. 정말 늙은것도 죄이런가!

복달임이 마을의 효도 잔치로 자리매김한 지 꽤 오래다. 전에는 개울가 다리 밑에 자리를 마련하여 풍악까지 울려가며 그야말로 신명 나는 잔치를 벌였었다. 그때는 어른들이 참 건강했었는데. 그러나 무엇이 그리도 급하였을까! 세상을 떠나는 분들이 해마다 늘어감에 빈자리를 바라보는 마음이 편치가 않다.

메르스로 인하여 한동안 회관 문도 굳게 닫혔었다. 면사무소의 지시도 있었지만, 면역력이 약하신 어른들이 스스로 사람이 많이 모이는 곳을 피하다 보니, 당신들의 놀이터인 회관마저도 외면했다. 신종 바이러스 환자가 다름 아닌 우리의 이웃들이고, 더구나 내 집처럼 드나들던 병원이 첫 진원지라니, 어르신들의 불안과 염려는 그야말로 공포 그 자체였다.

이제는 그 공포에서 완전히 해방되었고, 복날을 핑계로 모처럼 회관 문이 활짝 열린 것이다. 50여 일 만이다. 예전처럼 화투도 치고 함께 식사를 나누면서 시간을 보내야 할 텐데, 놀란 가슴을 쓸어내리느라 그럴 여력조차 없는가 보다. 모처럼 자리를 마련하고 보니, 그새 기력이 쇠하고 주름이 더 는 듯하여, 공연히 마음이 짠해져 온다.

"걱정하지 말라고. 늙은이들 배에 보양식이 들어갔으니 이제 기운이 펄펄 날것이야."

또 늙은이라 칭하신다. 그러나 거친 말 속에 담긴 잔정이 반갑다.

지독한 가난 때문에 못 입고 못 먹으면서 살아온 세대들이다. 보릿고개를 태산泰山을 넘기보다 더 힘겹게 넘어야만 했기에 그날을 잊지 않으려고, 5월이면 자식들에게까지도 보릿고개의 아픔을 상기시키려 했던 분들.

세상이 풍족하다고는 하지만 아직도 그분들은 선뜻 당신을 위해서 닭 한 마리를 쉽게 사 드시지 못함을 우리는 안다. 수중에 돈이 없어서가 아니다. 그러므로 당신을 위한 오늘이 그분들에게 있어서는 얼마나 고마운 자리인가를 우리는 또 익히 알고 있다. 나눔과 섬김의 자리. 비록 삼계탕 한 그릇이지만 맛있게 드시고 올여름을 잘 이겨내어 내년 복달임에도 함께 할 수 있기를 마음속으로 빌어본다.

뒷정리까지 끝내고 나니 온몸이 땀으로 흥건하다. 오늘이 또 일 년 중 날씨가 가장 더워 염소 뿔도 녹는다는 대서大暑다.

비록 몸은 고되었지만, 어른들이 이토록 좋아하니 이 또한 자식 된 도리를 실천한 즐거움이 아니던가! 진정한 복달임은 땀을 빼줌으로 완성된다는데 이래저래 오늘 복달임은 제대로 한 셈이다.

(좋은수필 2015년)

기우杞憂

이사 온 지 여러 해가 지났건만 우리 집에는 여태껏 담과 대문이 없다. 비용보다는 그것이 없어도 크게 불안하거나 불편하지 않았기 때문이다.

이곳에 뿌리를 내리기까지 거쳐 온 내 집들이 하나같이 담과 대문이 없었다. 결혼하고 첫 살림을 하던 정미소집도 대문이 없었다. 대문과 담이 있어야 할 곳에 정미소와 우사가 있었기에 굳이 경계를 둘 필요를 느끼지 않았을 터이다. 가벼운 함석 조각으로 만든 우사의 문은 천방지축 날뛰는 소들로 인해 반쯤 떨어져 위태롭게 달려 있었고, 정미소에는 육중한 철문이 성문처럼 버티고 있었지만, 정작 사람이 사는 집의 대문은 없었다. 모든 것이 낯설던 그때엔 대문과 담이 없는 것이 큰 불만이기도 하였다. 어디까지가 안이고 밖인지 경계와 영역이 모호하기 때문이었다.

담과 대문. 소재에 따라서 또는 쌓는 방법에 따라서 토담·울타리·돌담·벽돌담 등으로 구별되고 경계를 이루며, 집 모양새까지도 달라 보였다. 우리가 자랄 때는 싸리문도 더러 보았고, 흙으로 쌓은 토담과 싸리나무와 수숫대로 만든 울타리도 보고 자랐다. 보안과 안전하고는 영판 다른 담이다. 비록 허술하기 짝이 없는 담과 대문이었지만, 지금과 같은 흉악한 범죄가 없었던 것을 보면, 나쁜 마음을 먹었을지라도 인간으로서의 최소한의 소통과 도리는 지키지 않았나 싶기도 하다. 따뜻한 삶의 모습이다.

부모님과 함께 살다가 아이들이 유치원 다닐 무렵, 시댁과 좀 떨어진 이웃 마을로 분가해 나갔다. 그곳에서도 '배운 것이 도둑질'이라고 그전보다 더 큰 규모의 목장을 운영했다. 이곳 역시도 소 운동장이 집을 가로막고 있어서 대문이 필요 없기는 마찬가지였다. 대문 없는 집에 익숙해져서인지 그곳에서는 전에 느끼지 못했던 편안함마저 느끼었다. 앞마당은 아이들의 놀이터였다. 언제나 아이들의 재잘거림과 웃음·함성으로 넘쳐났고, 나도 그들과 동화되어 마음씨 좋은 키다리 아줌마로 통했다. 대문이 없었기에 가능했을 터.

사료값 인상과 소값 폭락. IMF와 아버님의 별세 등 많은 우여곡절을 겪으며 집 나간 지 5년 만에 다시 어머님 곁으로 돌아왔을 때는 예쁜 양옥집이 우릴 반겼다. 그러나 그 새집에도 대문은 없었다. 이때는 집 짓는데 많은 돈이 들어가 그에 대한 여력이 부족하여 미완성으로 남은 까닭이었다. 다행히도 탱자나무가 자라 울타리 역할을 하면서 그 필요성마저도 점차 시들어졌다.

이러구러 몇 년 살다가, 용산 미군 기지 평택 이전으로 인하여 숱한 우여곡절을 겪으며 우리는 또 이곳으로 이사를 왔다. 마을 사람들이 함께 이주를 해온 것이다. 문단속 하지 않던 이웃들이 새집을 짓고 대문에 빗장을 걸기 시작 했지만, 우리는 미관상의 이유를 고집하면서 어영부영 또 이제껏 그냥 살아 온 셈이다.

그래서인지 마을에 노인정이 있음에도 어르신들이 우리 집을 쉽게 드나들고 계시다. 어느 때는 노인정보다도 더 많은 사람들이 쉬었다 가시면서 걱정스럽게 한마디씩 하신다.

"대문도 담도 없으면서 왜 현관문까지도 안 잠그는 거야."

소통이 부족하면 외로운 법. 열린 문을 통해 그들과 소통하고 끊임없이 누군가를 기다리며, 그것으로 인해 외로운 이들이 행복하다면야 문은 항상 열어 놓으리라.

어느 날, 지인이 풍수에 조예가 있는 분을 모시고 우리 집을 찾아왔다. 풍수에 관심이 많은 남편을 잘 알고 있었을 터였다.

그분의 말에 의하면 집이 들어앉은 형태와 산환지세山環地勢·현관의 위치·집터 등 외양으로 보아선 풍수학적으로 모든 것이 괜찮다고 하였다. 다만 울타리와 대문이 없는 것이 흠이란다. 속히 이것부터 하라고 이른다.

"돈이 모이지 않고 딴 곳으로 새 나가요."

사실 그 말이 맞는 말이기도 하다. 시설 채소로 친환경 농사를 짓다 보니 남보다 많은 손길이 가기 때문에 그에 따르는 수입 또한, 적지 않음에도 불구하고 통장은 늘 바닥이었다. 집 안팎으로 지출이 많을 때였다. 아이들의 학비 · 해외연수비 · 하우스 설비투자 · 연이어지는 경조사비 등, 무시할 수 없는 지출이었다. 지금은 아이들이 학교도 졸업하고 취업을 하여 그 문제에서 벗어났지만, 이것에서 헤어 나온 것만으로도 얼마나 수월한지 모른다.

그분의 말을 빌리자면 명당자리란다. 돈이 모이고 안 모이고를 떠나서 명당이라니 이보다 더 좋은 말이 또 있을까.

지금은 대문과 담 공사가 한창이다. 대문 쪽수만 일곱 짝이다 보니 큰 공사다. 야트막한 담장과 집안이 다 들여다보이는 대문엔 잠금장치가 없다. 그냥 닫혀있는 상태에서 아무나 드나들 수 있도록 장금장치를 하지 않았다. 인부들이 장마철이라 비가 와서 작업을 못 하고 또, 너무 뜨거워서 미루고 거의 한 달여에 걸쳐진 공사다. 답답하기 그지없다.

나는 귀가 얇은 편이다. 이제는 돈이 새지 않고, 차곡차곡 쌓일 것을 찰떡같이 믿는다. 그렇지만 또 걱정이다. 산더미처럼 쌓일 그 많은 돈을 어디에 갈무리하나. 머지않아 돈 쌓아둘 창고라도 지어야 하지 않을까가 즐거운 걱정이다.

(좋은수필문학 2016년)

복을 부르자

"인상이 참 좋게 생겼는데 복채 놓고 점 한번 보시오."

얼마 전이다. 관상을 보는 할아버지가 무심히 길을 가는 나를 불러 세웠다.

"이마에 복이 들었구먼."

점이나 운세에 별 관심을 두지 않고 지내온 터라, 상술로 치부해버리고 그냥 지나쳐 왔다. 그런데 시간이 지날수록 그 말이 문득문득 떠오르면서 내 운세가 몹시 궁금해졌다. 세시歲時때문일 터. 그럴 때마다 거울을 들여다보면서 내 얼굴이 과연 관상쟁이의 말대로 복스러울지를 가늠해본다. 눈썹과 눈썹 사이가 윤기가 흐르고 있는가. 길게 뻗은 눈과 길고 높게 뻗은 코인가. 코끝이 도톰하고 콧구멍이 보이지 않는가. 얼굴색이 깨끗하고 광채가 나며 또한 주름이 없는가?

좋은 인상이라는 말이 무색하게도 주름투성이인 얼굴은 온통 칙칙함으로 윤기조차 잃었다. 인상이 좋은 것과 복을 부르는 상과는 일치하는 부분이 거의 없어 보인다. 그런데 이마에 복이 들었다니. 넓은 이마 때문에 늘 불만이었는데. 그러고 보니 조선 시대의 화가 신윤복의 '미인도'에서 보아온 미인의 모습도, 시원하고 둥글고 반듯한 이마였던 것 같다.

요즘 TV에서 뜨고 있는 인기 연예인들을 보면 한결같이 이마가 넓다. 그리고 성공한 사람들 역시도 이마가 넓은 듯하다. 얼굴에서 이마가 차지하는 부분이 이렇게 크다는 것을 새삼스레 알아가는 중이다. 조상의 복과 재물의 복을 불러들일 것이라니 이보다 더한 복이 또 있겠는가! 구박받던 훤한 이 이마가 언젠가는 꼭 효자 노릇을 할 것을 기대해 보는 바이다.

병신년 새해가 밝았다.

어제와 오늘이 별반 다를 것이 없음에도 새로운 해를 맞이하여 사람들은 서로 복을 빌고 덕담을 나눈다. 자신에게 전하는 또 하나의 다짐과 격려일 것이다.

예전엔 연하장으로 감사와 축복을 전했는데, 요즘은 밴드나 SNS를 통해 실시간으로 간편하게 복을 기원하는 세상이 되었다.

'새해에는 복 많이 받고 건강하세요.' '새해에는 소원성취하시길 빕니다.' '새해에는 승승장구하시길.'

보이지도 않고 잡히지도 않는 복이 대관절 무엇이기에 시대를 불문하고, 이토록 많은 사람이 갈망하는지 사전을 찾아보았다. '생활에서 누리게 되는 큰 행운과 오붓한 행복.' 이라고 풀이하고 있다. 그 행운과 행복 속에는 우리가 애타게 찾는 그 좋은 운수들이 다 들어 있을 게다. 듣기만 하여도 기분이 좋아지고 또 공연히 설레게 하는 말이다.

복의 으뜸이 선행이며, 온유한 자가 복이 있다는 말은 누구나 다 알고 있을 것이다. 그래서인지 친정할머니가 어린 우리에게 늘 하시던 말씀이 있었다. '악한 끝은 없어도 선한 끝은 있다.' 그 말을 이해할 리 없었지만 우리는 좋은 말로 여기고, 선하게 정말 어리석다 할 정도로 착하게 살아온 것만은 사실이다. 말씀처럼 선하게 사셨던 할머니는 그 끝을 보셨는지 새삼 궁금하다.

그런 할머니의 새벽 정화수 한 그릇의 간절한 기도와 또 산길에서의 돌탑 쌓은 정성의 효험 으로, 후손인 우리가 아마도 지금의 이 복을 누리고 있는 게 아닌가 싶기도 하다.

어른들은 복을 쌓기 위해서 금기 사항도 꽤 잘 지킨 듯싶다. 상을 당한 사람은 잔칫집에 가는 것을 금한다거나, 임신 중에는 살생을 절대 금하고, 아기가 태어나면 삼칠일 동안 그 집을 드나들지 말아야 할 것 등. 그러고 보니 복은 남에게 베풀고 배려하는 가운데서 얻어지는 것이지 그저 덕담만으로 얻어지는 것은 결코 아니란 생각이 든다.

밭에 씨를 뿌리지도 않으면서 어찌 곡식을 거두려 할 수 있단 말인가. 남을 위해 기도하고 보시하다 보면 언젠가는 그것이 내 복이 되어 찾아들 것을 믿으며, 나를 돌아보고 주변을 살펴야 할 것만 같다.

사람이 복 받고 행복하게 살기를 원함은 인지상정일 것이다. 더욱이 요즘처럼 미래가 불투명한 시대엔 무엇인가에 의존하고 싶은 것 또한 당연하다 할 수 있다. 그러기에 많은 사람이 복에 희망을 걸고 힘든 세상을 헤쳐나가는 것이 아닐는지. 그러나 진정 복 받기를 원한다면 내 안에 있는 부정적인 사고와 욕심을 버려야 할 터이다. 세상은 내가 어떤 각도로 바라보느냐에 따라서 달라 보이므로, 늘 긍정적인 생각으로 좋은 면역력을 키워 봄이 옳음 직하다.

거울을 유심히 들여다보는 나를 향해 남편의 핀잔이 날아든다.

"성형외과 한번 알아봐 줄까? 복은 얼굴에서 오는 것이 아니고, 결국 내가 만들어 내는 것이라 전해라."

근하신년謹賀新年.

(대한문학 2016년)

예술가

찜통더위다. 가만히 앉아 있어도 땀이 흥건하게 흘러내려 속옷까지 적신다.

이 더위에 정원사가 소나무를 전정하러 왔다. 구세주가 오신 듯 반갑다.

마당에 크고 작은 소나무 여섯 그루가 있다. 나무의 활력을 높이고, 웃자람을 방지하면서 균형적인 생장과 수형의 아름다움을 유지하기 위해서 봄이면 한 번씩 전정을 맡기고 있다. 생활이 윤택해지면서 새집을 짓고 정원을 가꾸고 사는 사람들이 많다 보니, 정원사를 찾는 사람들이 요 몇 년 사이에 부쩍 늘었다고 한다. 송홧가루 날릴 즈음부터 온다온다 하면서 안 와도 지금까지 용케 잘 참아왔다. 전정할 시기가 너무 늦는 탓에 사실 그동안 몹시 안달을 냈었다. 머리 손질 하지 않은 게으른 사람처럼, 웃자란 나무를 바라보기가 정말 민망할 정도였다. 기다리다 지친 남편이 전지를 대수롭지 않게 여기며 가위를 들었지만, 나무에 대한 지식과 상식이 없는지라 슬며시 가위를 내려놓으며 "전정은 아무나 하는 것이 아녀." 하며 몹시도 무안해 했다.

정원사의 성품처럼 작업하는 손길에도 꼼꼼함이 묻어난다. 위치와 방향을 잡고 각도를 맞추면서 이리저리 사다리를 옮겨가며, 가지마다 온 정성을 다한다. 진정한 장인정신이다. 나무 밑으로 불필요한 솔가지가 무더기로 쌓인다. 정원사의 손길에서 자식을 다루는 조심스러운 부모의 마음을 본다.

'~하지 마라. 그건 안 된다. 이건 꼭 해야 한다.' 하며 꾸짖고 타이르면서 못된 습성과 행동을 바로 잡아주셨던 부모님. 그 못된 가지들을 쳐내지 않고 내버려두었다면 지금의 나와 자식들이 온전하게 자랄 수 있었을까. 나뭇잎만 무성하여 볼품없는 나무처럼 형편없는 사람이 되었을 터이다. 싫은 소리로 인해 마음이 아프고 상처가 되었을지언정 참고 순응하다 보니 상처도 아물고 어느새 어엿한 어른이 돼 있지 않은가. 때론 필요 이상의 심한 가지치기로 인해 볼썽사납고 또, 성장이 더딘 나무들이 있다. 사람 역시도 과도한 사랑과 과한 집착으로 인하여 병약한 사람이 허다하다. 최고가 반드시 최선이 되는 것은 아닐 것이라.

소나무 가지치기는 손이 많이 가는 작업이다. 소나무 가지 끝에 길게 자라 올라온 새순을 일일이 잘라주고, 곁눈을 솎고 제거하는 작업이 상당히 긴 시간을 요구하매, 지켜보는 이조차 지루할 지경이니 일하는 사람이야 오죽할까. 더구나

이 더위에. 그러나 숙련공은 다르다. 그 일이 손에 익어서인지 뙤약볕도 아랑곳없이 나무와 일심동체가 되어 묵묵히 가위질에 속도만 가하고 있으니 가히 존경스럽기까지 하다. 나무의 예술가다.

무성했던 가지와 잎이 꺾여 떨어지면서 나무의 머리가 훤해지며 시원한 모습으로 변해간다. 나무가 건장한 30세 청년처럼 늠름하다.

“오늘 나무들 이발하는 날이네.”

붉은 고추 한 자루를 머리에 이고 지나가던 정수 어머니께서 말끔하게 변한 나무를 보고 말을 건네 온다.

“예, 여름을 시원하게 나려면 이발을 해야지요.”

문득 옛일이 스쳐 간다. 아이들이 어릴 적에 집으로 찾아와 머리를 다듬어 주던 떠돌이 아주머니가 있었다. 왜 장인이고 예술가라 여겼던 정원사의 모습에서 그동안 잊고 살았던 그 아주머니가 갑자기 떠올랐을까. 그이는 언변도 좋고 필체도 좋았고 그림도 잘 그렸던 학식이 있는 아주머니였다. 무슨 사연이 있었는지 ‘세상에는 말도 많고, 하늘에는 별도 많고…’하는 민요 가락처럼 바람결에 떠도는 말만 무성할 뿐이었다. 그래서였는지 행색이 남루하고 정신세계마저 4차원적으로 특이하고 별난 사람인 것만은 확실했다.

머리도 잘 다듬어 어른이나 아이 할 것 없이 인근 마을 사람 모두가 그이를 기다렸었다. 아마도 예술가적 기질이 다분하지 않았나 싶기도 하다.

어느 날, 언변을 토해 내면서 머리를 깎다가 그만 큰아이의 귀에 상처를 내고 말았다. 목덜미로 피가 흥건히 흘러내렸고, 놀란 아이는 울어 젖히며 시어머니까지 노발대발 하시는 바람에 집안이 아수라장이 되었다.

돈은 주면 주는 대로 받고 외상도 해줄 만큼 돈에 대한 개념도 없는 듯했지만, 다시 온다는 날짜만큼은 어김없이 지켰던 정직한 아주머니였다. 덜렁대긴 하여도 성품만큼은 선했던 그이는 지금 어디서 무엇을 하고 사는지 궁금하다. 그도 행위의 예술가라 자칭했건만.

옛 생각에 빠져 있는 동안, 소나무 하나가 마무리되고, 정원사는 두 번째 나무에 올라가 있다. 가지치기를 해야만 비로소 아름다운 재목이 되는 것을, 무지無知가 그저 황공무지惶恐無地할 뿐이다.

전정한 나무와 비교하니 쑥대머리가 더더욱 흉물스럽다. 다듬었을 때와 안 다듬었을 때의 차이가 이럴진대, 쓸데없는 욕심과 이기심을 훌훌 털어 버린다면, 우리네 삶도 이보다 더 자유롭고 여유로워지지 않을까를 생각해본다.

땀이 비 오듯이 흐른다. 정원사는 더운 줄도 모르는지 나무 손질에만 바쁘다. 소나기라도 한 줄기 쏟아졌으면 좋으련만.

(좋은수필문학 2016년)

3부
행복한 사람

자유 부인

바람이 분다. 좋은 바람이다. 머리도 가벼워지고 막힌 가슴이 확 트일 정도로 아주 시원한 바람이다.

땅거미가 지자 곱게 치장한 동네 어른들이 삼삼오오 짝을 지어, 그 좋은 바람을 찾아서 마을회관으로 몰려든다. 모처럼 밝은 표정들이다.

"내 남자는 왜 안 오는 거야"

"이봐! 내 짝을 왜 그쪽에서 눈독을 드리고 그래!

실버 댄스가 있는 날이다. 일명 웰빙 댄스, 스포츠댄스란다. 면에서 실시하는 주민자치 프로그램의 일부로, 바쁜 농부들을 배려하여 한가한 저녁 시간만을 이용해서, 한 분의 강사가 여러 마을을 순회하며 가르치고 있다. 우리 마을은 일주일에 한 번, 목요일 밤에 배울 기회가 주어졌다. 아무려면 어떠랴! 주경야무晝耕夜舞라고나 할까!

마을 회관은 이내 경쾌한 무도장으로 변했다. 늦게 배운 도둑질에 시간 가는 줄 모른다더니 거친 손을 살포시 맞잡고 치맛자락 휘날리며 동작 하나라도 놓칠세라, 야심한 밤까지 팽팽한 긴장감이 감돈다. 춤바람으로 삼복더위도 일상의 답답함까지도 싹 날려 버릴 심산인 것 같다.

"하나, 두울, 세엣, 네엣 ……."

구령에 맞춰 열심히 발놀림을 해보지만, 아주머니들의 발걸음은 제각각 엇박자가 되고 만다. 그도 그럴 것이 허리가 굽고 보행마저 불편한 7.80대의 노인이 대부분이다. 박자는 엉망이지만, 마음만은 젊은이 못지않은 터라 이마에 땀방울이 송골송골 맺히도록 열심히 스텝을 밟는다. 스텝을 밟는 동안은 그 무엇도 부럽지 않은 행복한 자유 부인이 돼 있는 것이다.

내 나이 쉰이 넘었지만, 젊은이가 없는 터에 아직도 새댁으로 불리니 젊은 내가 정말 무색할 지경이다. 남편은 몸치인 나를 보고 늘 '꾸어다 놓은 보릿자루'라고 핀잔을 준다. 이번 기회에 몸치를 탈출하기 위해서 나도 필사적인 노력을 해보지만, 몸이 생각처럼 움직이질 않는다.

"하나, 두울, 세엣, 넷, 다섯, 여섯 ……."

"이 사람아 손에 힘 좀 빼봐. 내가 리드를 해야지 왜 자기가 잡아끌어! 자기는 힘이 넘쳐서 문제라니까!"

"이장님! 싸우지 마시고 사모님하고 사이좋게 하세요."

민망함에 얼굴이 달아오른다. 그런 우리의 모습에 어른들은 자지러진다. 정말 난 구제 불능인가보다. 시간이 지나자

스텝을 밟는 분보다 의자에 앉아서 관전하시는 분이 더 많아졌다. 보는 것만으로도 충분히 즐거운 모양이다. 이런저런 지적까지 하시는 폼이 꼭 원로 심사위원들 같다.

또다시 경쾌한 음악이 흐른다. 모두 일어나 남녀가 짝을 지어 음악과 구령에 맞추어 스텝을 밟아 본다. 어른들의 가쁜 숨소리가 무도장을 채운다.

"늙은이들은 안 하는 게 좋겠어. 암만해도 손발이 맞지 않으니……."

"아니어요, 무슨 말씀이에요. 맞지 않아도 괜찮아요. 실버가 누군가요? 어르신들이에요. 운동한다 생각하시고 그냥 열심히 따라만 하세요."

말이야 바른말이지 정말 가관이다. 내 모습도 우습거니와 짝지어진 아주머니와 아저씨들의 엉거주춤한 모습이 어찌나 우습던지 첫날은 서로를 바라보며 웃느라고 시간을 다 보내기도 했다. 세월을 이길 수 있는 장사가 있을까? 건강에 대해 자신할 수 있는 사람은 과연 몇이나 될까? 세월 따라 누구나 늙고 병들어 감은 당연지사다. 젊게 산다는 것은 건강한 육체와 생동감 넘치는 두뇌 활동으로 나이를 잊고 즐겁게 살아감을 두고 하는 말일 게다. 웃는 모습들이 정말 보기 좋다. 마음이 젊어서인지 참으로 행복해 보인다.

세상 참 많이 변했다. 요즈음은 이렇게 마을까지 나와서 가르치며 스포츠로 인정받고 있지만, 얼마 전까지만 해도 퇴폐로 여겨 장바구니 옆에 끼고 얼굴 감추기에 급급한 모습을 TV 화면으로 내보내며 바람난 주부들이 비난거리가 되었던 그 춤이 아니던가!

어쨌거나 한여름의 더위를 날리는 최고의 피서법이며 최고의 바람임엔 틀림이 없는 듯하다.

웰빙 댄스! 몸치에서 춤짱으로 거듭나기 위해 난 오늘도 땀방울을 손등으로 훔쳐내며 부단히 노력 중이다. 꾸어다 놓은 보릿자루도 언젠가 자신 있게 손 내밀며 말할 것이다.

"한 곡 추실까요?"

(좋은수필 2009년)

행복한 사람

찬바람이 분다. 뜰 앞에 감나무가 나뭇잎을 떨어내고 있다. 고운 빛이 채 가시지 않은 감잎이 바람을 따라 저만치 달아나고 있다. 나도 따라서 뜀박질을 한다. 그 모양새가 남편의 눈에 꽤 철없어 보였나 보다.

"당신이 소녀야! 어둡기 전에 빨리 끝냅시다."

낙엽을 쓸면서 남편은 다 절여진 총각무를 가리키며 지청구를 해댄다.

날씨가 영하권으로 떨어진다는 예보 때문에 마음이 바빠져서 종일 종종걸음을 쳤다. 배추와 무가 얼지 않도록 비닐로 단단히 덮고, 일부는 구덩이를 파 땅속 깊이 묻었다. 밭 단속을 하면서 허둥지둥 뛰어 다니다 보니 오후에 소금을 친 총각무가 그새 다 절여진 것이다.

총각무를 씻는 것은 남편에게 미루고 나는 서둘러 양념 준비를 한다. 식혀 놓은 찹쌀죽에다 고춧가루를 넣어 불리고 쪽파와 멸치 액젓을 섞는다. 김치의 맛은 뭐니 뭐니 해도 고춧가루가 좌우한다고 해도 과언은 아니다. 그러나 올 김장철에는 예전처럼 좋은 고춧가루를 흔하게 쓸 수 있는 집이 드물 것 같다. 잦은 비와 일조량 부족 때문에 작황이 좋지 않아서 고추값이 다락같이 오르다 보니 김장하는 것마저도 무척 부담스러워 하는 눈치들이다. 다행히 우리는 방앗간을 운영하는 큰형님이 올해도 어김없이 빛깔 고운 태양초를 보내 주었기 때문에 어느 해보다도 감사한 마음으로 쓰고 있다.

우리 집은 총각김치를 남보다 많이 하는 편이다. 형제들도 많거니와 어떤 김치보다도 이 총각김치를 유난히도 좋아하는 형제들이다 보니 욕심을 낼 수밖에.

총각김치 하나만으로도 밥그릇을 금세 비워내고 또 신김치에다 고등어를 넣고 조리는 고등어조림도 모두가 즐겨 먹는다. 또 늦은 밤 아삭아삭 소리를 내며 라면과 함께 먹는 그 야참 맛까지도 어쩜 그렇게 잘 알고들 있는지. 그러니 형제 사랑이 유별나고 나눔을 생활의 미덕쯤으로 여기는 남편은 이때가 되면 으레 내 눈치를 살피곤 한다.

그도 그럴 것이 생판 모르는 사람들과도 나눔을 실천하면서 행복해하는 사람들이 많은 세상임에도 나는 피붙이인 내 형제들에게조차도 조금의 수고마저 생색을 내곤 했다.

그러나 세상에서 가장 중요한 것이 인간관계라는 것을 안 후부터는 남편보다도 내가 먼저 형제들을 챙긴다.

'Give and take' 라는 말도 있지만, 받는 기쁨을 어찌 나누는 기쁨에 비교하랴. 주는 순간에도 나는 행복할 수 있어서 좋다. 내 작은 수고가 형제애를 더 돈독하게 할 수만 있다면 이 수고쯤이야 얼마든지 감내할 수 있다.

조만간 배추김치도 담글 것이다. 김장은 여럿이 해야 제 맛이 난다. 동서들과 함께 양념을 준비하고, 또 양념소를 넣으며 동병상련으로 술꾼 남편들 흉을 보면서 한바탕 정을 나눌 것을 생각하니 지금부터 입가에 미소가 번진다.

"마님! 저리 비키시지요. 소인이 버무리겠습니다."

소인배가 된 남편은 고무장갑을 소매 위로 추어올리며 날 밀쳐 낸다. 물 빠진 총각무를 커다란 고무함지박에 쏟고 불려 놓은 고춧가루를 붓는다. 그리고 갓과 다진 마늘, 생강, 매실청 등 모든 양념을 다 넣고 버무린다. 해마다 이렇게 함께하다 보니 이제는 말하지 않아도 척척 알아서 잘하고 있다.

"살살 해요. 살살…"

그 큰 손으로 조심스럽게 몇 번 뒤적이니 쉽게 다 어우러졌다. 빛깔이 곱고 먹음직스럽다. 입 안 가득 침이 고인다. 여러 가지 재료가 한데 섞이고 어우러져야만 제 맛을 낼 수 있는 김치를 보며 우리네 인생과 너무나 흡사하다는 생각을 해본다. 절대 섞이지 않을 듯 빳빳하던 푸른 잎 대가 소금물에서 숨이 죽어, 시간이 지나면 적당히 나긋해져서 모든 양념과 어우러지는, 그래서 맛깔 나는 음식으로 거듭나는 김치. 의무만 앞섰던 젊은시절의 모난 마음도, 이십여 년의 시간과 함께 모서리가 닳고 닳아서 둥글어진 걸까. 이제는 김치 담그는 날은 몸놀림이 더 가볍다.

남편의 얼굴과 옷이 영광의 상처처럼 온통 고춧가루 범벅이다. 모처럼 내 웃음소리가 담장을 넘는다. 남편도 따라 웃고 있다.

여섯 개의 통이 채워졌다. 채워진 통만큼이나 내 가슴도 꽉 차오른다. 왕후장상이 부럽지 않다. 김치 통을 바라보면서 이미 난 내 후한 인심에 감동하는 동서들의 밝은 목소리를 듣고 있다.

남편은 어느새 고춧가루가 범벅인 고무통과 양념단지들까지도 깨끗이 씻어서 엎어놓았다. 언제 김치를 했는가 싶게 우물가가 말끔하게 정리 되었다.

"알고 보면 당신 행복한 사람이야. 어디서 이런 신랑을 만나?"

"당신이야말로 어디서 이런 각시를 만나게요."

그래 행복이라는 게 뭐 별것인가. 상대방이 즐겁고 또 내 마음이 즐거우면 그것이 다 행복인 것을.

(좋은수필신인상수상작 2012년)

잠 못 드는 밤에

새벽 2시다. 좀처럼 잠이 오지 않는다. 몸을 이리저리 뒤척이며 잠을 청하여 보건만 멀리 달아난 잠은 쉬 올 것 같지가 않다. 정신은 점점 맑아지고 실타래처럼 엉켜진 생각들은 끝도 없다. 요즘 들어서 불면증이 부쩍 심해졌다. 의학상으로는 갱년기 장애라고 하며, 노화 현상으로 내분비 기능의 균형이 깨지면서, 여러 가지 복합적인 증후군이 나타난다고 한다. 시집을 꺼내어 읽어보고, 성경도 펼쳐 보지만 이것마저도 눈이 침침하고, 눈꺼풀이 뻑뻑하여 접어 두고 만다. 인정하고 싶진 않지만 늙어가는 까닭임을 어쩌랴. 갱년기更年期. 이것을 한자로 풀면 다시 更 해年 정할 期로 인생을 다시 시작하는 시기라 하여 긍정적인 의미가 있다고 하니, 자연의 이치와 순리로 받아들일 수밖에.

TV를 켠다. 채널마다 싫증 난 몸 개그와 말장난만이 난무

하고 있다. 옆에서 코를 골며 자는 남편이 한없이 부럽다. 대전까지 내려가 교육을 받고 오더니 몹시도 피곤한 모양이다. 부스럭거림도 아랑곳하지 않으니 말이다. 이런 무심함이 어쩌면 다행인지도 모른다.

잠자기를 포기하고 서재로 나왔다. 갑자기 불을 켜자 잠자고 있던 사물들이 아우성을 치며 일제히 깨어난다. 공연히 미안해진다.

조심스럽게 책상 앞에 앉아 본다. 묵향이 가득하다. 낮에 펼쳐 놓았던 문방사우文房四友가 탐탁지 않은 듯 뜨악한 표정들이다. 마음을 가다듬고 붓을 잡아본다. 초야를 치르는 새색시처럼 손끝에 미세한 떨림이 전해지고, 문창호지를 뚫고 몰래 엿보는 이가 있기라도 한 것처럼 순간 긴장감이 돈다. 언제부턴가 난 이 떨림을 꽤 즐기고 있다. 한 자 한 자씩 여백을 채워 나가다 보면 떨림은 이내 사라지고 일필휘지一筆揮之로 붓놀림에 거침이 없다.

"판매시스템을 바꿔야 한다니까."

남편의 잠꼬대다. '농산물 인증제도'니 '친환경 무상급식'이니 하는 단어들이, 열려 있는 방문 틈으로 들어와 내 귀를 자극한다. 어느 때부터인지 일에 몰두할 때마다 자면서 큰 소리로 떠드는 버릇이 생겼다. 그러나 그 외침도 일상이 되어 이제는 낯설지가 않다. 꿈속에서도 매우 신명이 나 있는 듯하다.

남편은 지금 농약과 화학 비료에 의존하지 않는, 유기농 농산물을 생산하기 위하여 상당한 모험을 감수하고 있다. 농약 대신에 난황류와 천적을 이용하여 병해충을 막고, 화학비료 대신 미생물을 만들어 쓰고 있다. '아는 만큼 보이고 또 흙을 알아야 산다.'는 말을 입에 달고서 늘 새로운 정보에 목말라 하며 동분서주하고 있다. 분명한 것은 자연농업을 배우고 실천하면서 늘그막에 그가 매우 긍정적인 모습으로 변해 있다는 사실이다. 놀라운 변화다.

"농부도 농사를 짓는 농예가야. 자연이라는 화선지에 생명체가 있는 그림을 그려내는 화가란 말이지."

자칭 예술가의 이 오만함을 그 누가 말리랴. 그러나 나는 믿는다. 그의 화선지에다 오만의 필력으로 위기의 농업을 희망의 농업으로 탈바꿈해 놓을 것을.

시계를 보니 3시가 조금 넘었다. 날이 밝으려면 아직도 멀었건만 멀리서 닭 울음소리가 들린다. 그 닭도 틀림없이 갱년기가 와 있을 터. 동병상련同病相憐으로 측은지심惻隱至心이 인다.

화선지 두 장이 채워졌다. 마음이 바르면 붓도 바르다고 했거늘 정갈치 못함이 역력하고, 일취월장日就月將의 꿈이 너무 과한 탓인가 획이 난잡스럽다. 마음을 비우고 때를 기다려야 하리라. 기다릴 줄 아는 자만이 내일이 있다고 하지 않던가.

문득 젊은 시절이 스친다. 예나 지금이나 그다지 잠은 많지 않지만, 임신했을 때만큼은 예외였다. 때와 장소를 가리지 않고 쏟아지던 졸음. 정미소와 목장을 했던 그 당시엔 인부들과 시집 식구들의 식사 준비만으로도 벅찬 날들이었기에 쪽잠잘 기회마저도 주어지지 않았다. 오로지 밤잠만이 보약이었고, 새벽잠은 왜 그렇게도 꿀맛이었는지. 그때의 심정으로는 할 수만 있다면 밤을 그대로 멈추게 하고 싶은 마음만이 간절했었다. 도통 잠이 없으셨던 어머님 때문에 더 힘들었던 세월이었지 싶다. 생각해보니 참으로 아득한 날들이다.

저만치서 오토바이가 새벽바람을 가르고 달려오고 있다. 문간에 무심히 던져지는 신문 떨어지는 소리가 오늘따라 반갑다. 문을 여는 순간 꽃샘바람이 기다리기라도 한 듯 와락 달려든다. 봄바람에 중늙은이 얼어 죽는다더니 정말 매섭다. 신문을 펼치니 대관령은 영하 13도까지 떨어졌고 영동지방 곳곳에서는 폭설이 내렸다고 한다. 날씨 마저도 내 몸처럼 변화무쌍하다.

돌봄이 없는 노부부가 자살했다는 보도와 OECD 국가 중 우리나라가 노인 자살률이 최고에 이른다는 붉은 색의 큰 활자가 한눈에 들어온다. 참으로 안타까운 일이다. 베이비 붐 세대, 소위 낀 세대인 난 이 문제가 남의 일만 같지가 않다. 곧 닥쳐올 내 일인 것이다. 노인들의 소외감과 고립감을 없애기 위한 사회적인 제도가 다방면으로 속히 마련되어야 할 것이며, 무엇보다도 가족과 이웃의 따뜻한 관심과 사랑이 최우선이 아닐까 싶다. 애써 감추어 왔지만 늙는다는 것은 사실 참 서글픈 일이다. 어딘가에는 불로문不老門도 있다 하니 늙음은 모든 이들이 다 싫어하기 까닭일 게다.

아무래도 잠자기는 그른 성싶다. 신문과의 숨바꼭질 놀이나 계속해야 할 것 같다. 신나는 기사를 찾아서 난 오늘도 술래를 자청한다.

(좋은수필 2013년)

나는 왕이로소이다

시끌벅적하던 명절이 끝나가고 있다. 아름다운 사람은 머문 자리도 아름답다고 했거늘, 식구들이 빠져나간 자리는 어수선하기 그지없다. 여럿이서 함께 치우고 정리를 했건만, 내 손이 필요한 건 여전하다. 소파에 있어야 할 쿠션은 침대에서 뒹굴고, 여기저기 흩어져 있는 윷가락과 찢어진 윷판은 윷놀이가 얼마나 치열하였는지 여실히 보여주고 있다.

9남매가 의기투합한 윷놀이였다. 판돈 10,000원씩을 놓고 30여 명이 벌이는 경합은, 엎치락뒤치락 그야말로 예측불허豫測不許의 접전이었다.

"업어."

"무슨 소리야 먹어야지."

윷이 나올 때마다 함성과 웃음, 박수가 터져 나오고 어른이나 아이 할 것 없이 모두가 하나가 되는 순간이다.

큰 시누이의 손녀딸과 막내 시동생네 아이가 벌이는 최종 결승전은 승리를 예측할 수 없는 접전이었다. 결과는 막내 시동생 네의 역전승이었다. 승부욕이 강한 큰 시누이의 손녀딸은 제 아빠가 말판을 잘못 써서 졌다며 끝내 울음을 터뜨리고 만다. 상금은 등수 순이라기보다는 어린 나이순이라고 해야 맞을 성싶다. 어린 조카들은 모두가 승자였다.

형제간 또 사촌 간의 화목과 끈끈한 유대감을 다지려고 우리 부부는 명절 때마다 늘 이렇게 윷판을 준비한다. 식구가 많다 보니 대진표 작성하는 것도 만만치가 않다. 예전엔 이마저도 큰 스트레스였지만, 익숙해지고 단련되다 보니 이제는 어쩜 내가 더 신이 나 있는지도 모를 일이다. 무엇보다도 어린 조카들에게 개평 얻는 재미가 어찌나 쏠쏠하던지.

남편은 어느새 청소기를 돌리고 있다. 심신이 지쳐 있을 아내에 대한 배려일 터. 피붙이들과 어린 조카들을 응원하느라 목까지 잠겨 쉰 목소리가 더 매력적이다.

"당신은 이제부터 왕이야. 가만히 앉아 있기만 해. 내가 다 할게."

눈치 백 단이다. 백성 없는 왕이 무슨 소용이 있을까마는 정치권력이 얼마나 크게 작용하는지를 작금의 세태를 통해 익히 알아 왔기에 모처럼의 기회를 놓치지 않고 기꺼이 왕좌를 수락했다.

명절증후군. 명절 동안 정신적 스트레스와 육체적 피로가 더해지면서 겪는 건강의 이상 증세를 말한다. 이 신조어가 생겨날 만큼 명절이 모든 이들에게 부담스러운 것만은 사실인가 보다. 또 명절증후군으로 인해 이혼하는 사례가 해마다 늘고 있다고 하니 풍요로워야 할 명절이 불화의 단초가 되는 것 같아 왠지 모르게 씁쓸해진다. 어떤 이는 정부 차원에서의 대책 마련이 시급하다고도 한다. 그러나 그것은 각자가 슬기롭게 해결해야 할 터. 가사 분담 책임을 가족과 함께 나누는 것에서부터 음식 가짓수를 줄이는 방법, 영화 관람과 같은 여러 가지 방법들이 있지만, 그 무엇보다도 중요한 것은 가족 간의 따뜻한 격려와 배려가 최우선이 아닐까 한다. 또 세상은 보는 대로 있다고 생각을 달리하면 그 불편함도 분명히 달라 보일 것이다. 명절은 분명 아름다운 풍습이다.

명절 내내 기름진 음식만을 가까이해서인지 입덧하는 사람처럼 갑자기 따끈하고 개운한 칼국수 생각이 간절했다.

"여봐라! 짐이 오늘은 칼국수가 심히 먹고 싶구나. 그대의 생각은 어떠한지?"

"칼국수라니요. 그건 너무 어렵습니다."

그러나 오늘이 아니면 언제 이런 날 무소불위無所不爲의 절대권력絕對權力을 휘둘러 보겠는가. 이왕 주어진 권력의 맛을 만끽해본다.

"어허, 어느 안전이라고, 감히 짐의 말을 거역하려 들다니!"

절대권력 앞에서 쉽게 나약해진 남편은 애꿎은 냉장고 문만 수도 없이 여닫으며 왕으로의 추대를 후회하는 눈치였다.

"왕이시여! 소인이 무슨 연유에서인지 알 수는 없사오나 갑자기 머리가 무겁고 가슴이 답답해지는 것이 소화도 아니 되고 아마도 우울증 증세인가 하오니 통촉하여 주시옵소서."

권불십년權不十年. 아무리 높은 권세도 영원할 수는 없다고 하였다. 성군으로 추앙받기 위해서는 신하의 눈물과 고통을 외면하면 아니 될 것 같기에 이쯤에서 백성을 위한 왕이 되고자 마음을 추슬러 본다.

"그러면 그대가 제일 잘하는 것이 무엇인지 즐거운 마음으로 한 상 거하게 차려 보아라."

"성은이 망극하옵나이다."

(농어촌여성문학 2013년)

진짜 사나이

동서울 터미널이다. 오늘따라 디지털 무늬의 전투복을 입은 군인들이 많다. 외출과 휴가를 나오거나 휴가를 마치고 귀대하는 장병들이다. 그 중에는 휴대폰을 들고 있는 장병들도 꽤 많다. 보안 문제로 휴대폰 허용을 신중하게 검토 중이라더니 참으로 의외의 모습이다. 무리 지어 있는 새내기 이등병들은 얼핏 보기에도 군복 입은 모습이 어딘가 어설프다. 훗날 저 모습도 군대의 이야기에 보태져 자긍심自矜心으로 이어지리라. 남편의 시선도 그들에게 오래도록 머물러 있었다.

오늘은 '어제의 용사들이 다시 뭉치기'로 한 날이다. 허 하사 · 한 하사 · 문 병장 · 조 병장 · 장 이병, 그리고 내무반장이었던 남편까지.

제대한 지가 30년이 넘었다. 환갑을 전후한 나이임에도, 그들은 부인을 대동帶同하면서까지 연례적年例的인 모임을 갖고

끈끈한 우정을 과시해 오고 있다. 전남 순천, 경상도 예천과 부산, 또 충청도의 청양 그리고 경기도와 서울— 전국구 모임이다.

오늘 모임은 모처럼 우아한 호텔식 뷔페에서다.

"아따! 행님, 빨리빨리 못 오고 군기가 확 빠져 부렀어 잉!"

성격 급한 한 하사가 핀잔을 주며 반긴다. 반갑다. 간단하게 인사를 나누고 예약된 자리로 옮겼다. 로비 분위기가 이국적이고 고급스럽다. 더욱 멋있는 것은 창밖에 펼쳐지는 야경이다. 그러나 남자들은 자리에 앉자마자 분위기와는 무관하게도 군대 이야기로 목청을 높였다.

"동부 전선 GOP 총기 사고지가 22사단이잖아."

그때 일을 상기想起하며 모두가 분개한다. 그도 그럴 것이 얼마 전에 총기 난사 사건이 있었던 강원도 고성 GOP(일반전방소초)가 그들이 군 생활을 한, 꿈에도 잊힐 리 없는 바로 그 22사단이 아닌가. 온 국민이 경악했지만 그들의 놀라움은 이루 말할 수 없었을 터이다.

부대마다 알려지지 않은 사건 · 사고가 비일비재非一非再하다고 한다. 그런데도 그곳에서는 한 번도 아닌 여러 번의 불명예不名譽스런 사고가 터져 세상을 놀라게 하고 있으니, 참 가슴 아픈 일이다. 총기 사건과 월북 사건, 수류탄 투척投擲 사건 또한 노크 귀순사건과 같은 대형사고가 다 그 부대에서 났다. 그 때문인지 부대 이름마저도 율곡 부대로 변경했다고 한다. 고된 시집살이를 겪어냈던 곳이지만 그곳에서 불미스러운 소식만이 전해지니, 주위 시선도 아랑곳없이 분개할 만도 하다.

우리의 생명줄과도 같은 철책을 지키는 일이 얼마나 힘들겠는가. 졸음과 사투를 벌이며, 불볕더위와 폭설 속에서도 매일같이 야간 경계를 선다고 하니 정신인들 온전하겠는가. 오죽하면 전역한 어제의 용사들마저도 '지옥'이라고 표현을 할까.

내년부터는 우수 전투병을 선발해 최전방 부대에 배치하기로 했다고 한다. 이른바 모병제인 셈이다. 첫 번째 모집 결과, 높은 경쟁률을 보였다니 참 다행이다. 이참에 모든 군대 조직과 병영 문화도 세상의 변화 속도에 맞추어서, 새롭게 변모되었으면 하는 소견所見이다.

윤 일병은 누구이고 임 병장은 누구인가? 똑같은 자식들이다. 이제 더는 금쪽같은 내 자식들이 구타와 가혹 행위로 인권이 짓밟혀서는 아니 될 것이다. 군대, 정말 변해야 한다. '무덤'이 아닌 '낙원'으로의 변화를 바라는 건 지나친 욕심일까!

또다시 그들의 입에서 원산폭격이니 모기 회식이니 또 건봉산 눈과의 전쟁 등, 늘 들어왔던 가혹 행위의 레퍼토리가 줄줄이 쏟아져 나온다. 영웅담英雄譚, 무용담武勇談도 거침이 없다.

남자들의 군대 이야기는 언제 그 뇌리에서 사라질는지. 여자들에게는 군대라는 주제가 그다지 재미있지는 않지만, 듣다 보면 묘하게 이끌려 빠질 때도 있다. 그건 아마도 자식이나 애인이 군인었던 경험이 있어서가 아닐까. 예능 프로그램에서 심심찮게 군대 이야기를 다루는 것도 남자들에게는 추억과 공감共感을, 여자들로서는 미지의 세계에 대한 호기심 때문일 것이다.

"군 생활을 잘해낸 사람이 인생도 성공하는 법. 성공도 생각하기 나름 아닌가? 우리 같은 사람이 진짜 사나이들이다. 이런 우리를 위해서 건배합시다. 수통에 담아 함께 마셨던 피보다 진한 예전의 그 술맛을 기억하면서, 건배."

영원한 내무반장인 남편이 와인 잔을 높이 치켜 올린다.

그가 진짜 사나이라니! 금시초문今時初聞이다.

(좋은수필 2015년)

핑계 대기 좋은 날

양평 휴양림에 와 있다. 근심 걱정일랑은 계곡물에 모두 흘려버리고, 밤하늘의 별을 세며 모처럼 동심에 젖어 행복감을 맛본다.

“얘들아! 내가 저 별을 따다 줄까.”

“아서라 말아라. 별 따러 갔다가 아니 오면 네 신랑 우는 꼴을 어찌 보라고.”

초등학교 때의 친구들이다. 민자, 효성, 제영, 명숙 그리고 영옥, 복남, 옥선이.

경조사 외에는 만나기가 참으로 어려운 친구들이다. 친구들은 늘 내 탓이라며 이구동성으로 원망을 쏟아낸다. 사실 틀린 말은 아니다. 농촌에 살다 보니 그날그날이 농번기임을 어찌하랴. 사시사철이 바쁘니 할 말이 없다.

갑자기 이루어진 일박이일의 나들이.

직장 다니는 친구들 때문에 주말을 택하다 보니 교회 다니는 내가 또 문제였다. 많은 고심 끝에 종교를 초월한 화합과 우정을 택하여 무작정 따라나섰다.

입추가 지나서일까. 일교차가 커지고 바람의 맛도 사뭇 다르다. 여행 떠나기에 딱 좋은 날이다. 그러나 고속도로는 오늘도 여전히 몸살을 앓고 있다. 차들이 몸 둘 곳을 몰라 우왕좌왕이다. 운전하는 친구가 조바심을 내더니 내비(navigation)의 말을 무시한 채 국도로 들어선다. 남자가 일평생 편안하게 살아가려면 세 여인의 말을 잘 들어야만 한다는 우스갯소리가 있다. 그것은 어머니와 아내와 내비양이라 한다. 어머니와 아내의 말은 당연지사라 해도 내비까지 포함됐다는 사실이 참 놀랍다. 하기야 길 안내자도 삶의 동반자만큼이나 중요할 터이다. 여자의 적은 여자라 했던가! 동격인 그 여인의 말을 듣지 않은 탓으로 더 많은 시간과 에너지를 소모했지만, 때늦은 후회와 함께 순종의 미를 보이며 어느덧 비슬고개를 힘차게 오르고 있다. 차 두 대가 겨우 교행郊行 할 정도의 좁은 길의 연속이다.

드디어 우리가 묵을 펜션에 도착했다. '산음'山陰 산그늘이란 그 이름처럼 산과 골이 깊고 보이는 건 울울창창鬱鬱蒼蒼한 나무들뿐. 아름다운 풍광이다. 숨을 크게 들이 쉬니 몸속 깊이 맑고 밝은 기운이 스며든다. 계곡 물소리가 꽤 시원스럽다. 다시금 마음을 가다듬고 복식 호흡을 해본다. 편백 향이 코끝을 자극해온다. 오체만족이다. 어느새 자연과 하나가 되어가고 있다.

짐을 풀고 보니 먹거리가 풍성하다. 각종 과일과 음료 밑반찬, 찌개에 들어갈 푸짐한 재료들까지. 자기 몫의 숙제를 각자 착실하게 잘해온 셈이다. 예나 다름없이 친구들은 모두가 모범생이다.

삼겹살이 구워지고 내가 가져온 삼채와 상추가 입맛을 돋운다. 같은 음식이라도 여럿이서 함께 나누면 그 맛이 배가 되는 법. 더구나 소싯적 친구들임에랴. 오늘같이 기쁘고 즐거운 날에 술이란 놈이 빠져서는 아니 될 터, 술을 즐기는 친구는 벌써 '술과 친구는 오래될수록 좋다'며 술 예찬론까지 펼친다. 지난날의 추억을 안주 삼아 모처럼 실컷 웃어본다. 무릉도원이 별거더냐? 이곳이 바로 그곳일진대. 과거를 되돌아보니 눈 깜짝할 사이에 40여 년이 훌쩍 가버렸다. 덧없는 세월이다.

술이 몇 순배 돌자 서로가 힘겹게 살아온 과거사까지 허심탄회하게 털어놓는다. 남편과의 사별. 사춘기로 인해 질풍노도의 시기를 함께한 모녀의 이야기. 치매를 앓고 있는 친정어머니에 대한 연민으로 울먹이는 친구. 어린 날의 상처마저도. 가슴이 먹먹해 왔다. 어둠과 밝음은 항상 공존하는 법. 긴 터널을 지나온 친구들에게 무언의 박수를 보낸다.

화제가 손주에 이르자 금세 분위기가 달라진다. 각자 휴대폰 열기가 바쁘다.

"얼마나 예쁜가 봐라. 내 어릴 적 모습이지?"

이럴 땐 영락없는 할머니들이다.

늦은 시각이건만 밤을 지새울 작정인가 보다. 말없이 밖으로 나간 친구가 큰소리로 우릴 불러낸다. 마당 한가운데서 불이 타오르고 있다. 모닥불에 비친 얼굴들이 발그레하니 참으로 예쁘다.

♬'모닥불 피워놓고 ~ 마주 앉아서 ~ 인생은 연기 속에 재를 남기고 ~ 말없이 사라지는 ~ 모닥불 같은 것.

이게 얼마 만인가 젊은 시절에 경험했던 캠프파이어. 불빛이 사그라질 때까지 우리들의 이야기도 끝나지 않고 있다. 무심코 올려다본 하늘, 달빛과 별빛이 유난히도 반짝인다. 마치 보석과도 같다. 어릴 적에 보았던 그 별빛이 어디 숨어 있다가 이제야 나온 듯 새삼스럽고 경이롭기까지 하다. 숨 막히도록 아름다운 밤이다.

그나저나 내일은 일요일 주일이다. 아무래도 예배참석은 불가능해졌고 어떤 핑계거리를 대야하나 고민이다.

"주님! 이건 순전히 날씨 탓이었습니다. 그리고 총총히 빛나는 밤하늘의 별과 숲에서 속삭이는 나무들의 이야기와 계곡 물소리, 또 수많은 풀벌레 소리를 외면할 수가 없었습니다. 정령 하늘빛이 너무도 푸른 날씨 때문이었습니다. 주님! 용서하옵소서."

(농어촌여성문학 2015년)

남편의 큰마누라

"우리 인철이 여기 왔는가?"

인철 씨 어머니가 아들을 찾고 있다. 남편과 함께 하우스(시설 채소)에 갔다고 하자 마음이 놓이시는 모양이다.

"전생에 무슨 업業 인지. 쯧쯧"

인철 씨는 지적 장애를 가지고 있다. 정상인 같지만, 지능과 언어 구사 능력이 떨어져 의사소통에 약간의 어려움이 있다. 어릴 적에 한약을 잘못 먹은 탓이라고 한다. 천성이 착하고 정직하여 남에게 미움 사는 일은 없지만, 어머니의 생인손 같은 존재다.

그는 늘 우리 곁에 있다. 쉰다섯 살의 총각으로 노모와 함께 살고는 있지만, 거의 우리와 함께 생활하다시피 한다. 모르는 사람들은 그를 우리 가족쯤으로 알고 있다. 사실 멀리 떨어져 사는 가족들 역시도 친동생·친삼촌 정도로 여기며 그를 스스럼없이 대한다. 한솥밥을 먹고 컸으니 한 가족이나 진배없다.

그는 남편의 해바라기다. 일편단심一片丹心 태양만을 바라보며 따르는 지고지순地高至純의 해바라기 꽃이다. 꽃말이 숭배와 기다림과 그리움이라고 하니, 영락없는 해바라기다.

오늘 아침에도 제식 훈련 하듯, 남편의 보폭에 맞추어 리듬있게 움직이더니, 함께 일터로 향한다. 거기서 하는 일이라곤 잔심부름 정도다. 가끔 무거운 짐을 옮길 때도 있지만, 무리한 일은 남편이 시키려 들지 않는다. 시킨다 해도 안심할 수 없는 상황이고, 대부분 남편이 움직이는 대로 그림자처럼 따라다니는 것이 전부다. 그래도 그것이 최고의 행복인 양 즐거워한다.

그에 대한 남편의 사랑이 아주 각별하다. 돈과 셈에서부터 면도하는 것, 극히 사소한 예절까지 반복 지도해도 결과는 늘 제자리걸음이지만 포기하지 않고 자식 돌보듯이 지극정성을 다한다. 사람들은 우스갯소리로 그를 남편의 큰 마누라라 부른다. 무엇이든지 나보다도 그가 우선이었기에 신혼 때는 내 정체성마저 흔들려 '난 뭣인가'를 고민하기도 하였다. 그러나 30년의 세월이 흐른 지금은, 오히려 변함없는 그들의 우정에 존경을 아끼지 않는다.

장애인과 장애우. 장애우를 어학 사전에서 찾아보니 '장애인을 완곡하게 이르는 말'이라고 쓰여 있다. 그러나 그들은 이 단어를 썩 내켜 하지 않는다. 그 말 자체가 동정을 전제로 하는 것이기에 그 시선에 더욱 불편함을 느낀다는 것이다. 중요한 것은 동정과 연민이 아닌, 그들의 삶을 이해하려는 폭넓은 사고와 배려가 최우선일 터이다.

부족하다는 이유로 인철 씨를 무시하는 사람들도 종종 본다. 참으로 어리석은 사람들이다. 그런 왜곡歪曲된 시각을 가진 사람들이야말로 진짜 장애인이다.

장애인은 선천적인 것보다는 후천적인 것이 더 많을 듯싶다. 정상인도 어떠한 사고와 질병으로 어떤 상황에 부닥칠지는 아무도 모를 일이다. 역지사지易地思之. 처지를 바꾸어서 생각하면 이해 못 할 일이 없다는 뜻이다. 남을 이해한다는 것이 그리 쉽지는 않겠지만, 상대에 대한 편견을 버리는 것이 사랑의 실천 방법이 아닐는지.

그들은 지금 금연 중이다. 언제 어떻게 배웠는지도 모르게 골초가 되어 있는 인철 씨다. 남편도 마찬가지다. 폐부 깊숙이 들여마시는 아주 못된 습성을 가진 악성 흡연자이며, 자칭 애연가이기도 하다. 그러다가도 주위 사람들 앞에서 단호하게 금연을 선포하기도 한다.

"불쌍한 내 폐 오늘부터 쉬게 하리다."

쉽게 무너지리라는 것을 알면서도 그때마다 반갑다. 그런데 이번만큼은 좀 다르다. 보건소 금연클리닉에 등록하면서까지 강한 의지를 보인다. 이유는 인철 씨와 함께하기 때문이다. 처음이지만 잘 따르고 있는 인철 씨다. 남편은 금연 보조제인 니코틴 패치 · 껌 · 사탕 등을 구매하여 본인보다 그를 챙기느라 더 바쁘다. 예전보다 더욱 각별해진 우정을 그렇게 과시하며 인내하던 어느 날, 인철씨 얼굴이 사색이 되고 말았다.

"형 펴! 형 펴"

그의 얼굴과 말이 무엇을 의미하는지 묻지 않아도 난 안다.

"담배를 다시 피우면 너도 죽고 형도 죽는다. 형 안 보고 빨리 죽고 싶으면 피워도 돼."

죽음을 담보로 순진한 큰마누라와 금연을 함께 다짐했건만, 작심 보름 만에 흡연 욕구에서 벗어나지를 못하였으니 오호통재라!

그 일 이후 남편은 담배를 다시 피우지 않는다. 큰마누라 덕분에 지금은 두 달째 금연 중이다. 본처보다 더 각별한 사람이 옆을 지키고 있어서 이 일이 가능하지 않았을까!

정말이지 그들의 이 특별한 우정은 전생의 업이런가. 정실부인은 그저 부러울 따름이다.

(좋은수필 2015년)

집에 있는가

이웃집 할아버지의 고함에 놀라 잠이 깼다.

"상득이 집에 있는가?"

재차 남편을 찾는다. 시도 때도 없이 와서 사정없이 소리를 지르시는 통에 짜증이 날 때도 있다.

할아버지는 올해 90의 연세로 혼자 살고 계시다. 얼마 전 할머니를 떠나보낸 충격 때문인지 약간의 치매기가 있는데다가 귀까지 어두워 소통이 더 어렵다. 정년퇴직을 앞둔 큰아들 내외가 주말마다 내려와 살피고, 주 중에는 가사도우미가 상주하고 있지만, 할아버지는 고적감을 견디기가 몹시 버거워 보인다. 퇴직하면 내려온다는 아들을 기다리는 일이 노인의 유일한 희망이자 삶의 목표다.

할아버지가 오실 때마다 우리는 한바탕 전투 아닌 전투를 치른다. 귀에다 입을 대고 큰 소리로 이야기를 하지만, 알아

듣질 못하고 대부분 동문서답이며, 오히려 할아버지의 목청만 더 높아진다. 소통이 불통이지만 그래도 그나마 위로가 되는 듯, 당신의 큰아들과 가깝게 지낸다는 이유로 남편을 아들처럼 여기며 수시로 찾아오셔서 마음을 다스리곤 하신다.

무엇보다도 불면증과 조바심이 문제인 것 같다. 나도 가끔씩 겪고 있지만 불면증은 보통 일이 아니다. 하물며 매일 밤을 수면제에 의지하고 그나마 선잠을 잔다니 얼마나 고통이겠는가. 불면증도 질병이다. 겪어 보지 않은 사람은 이 고통을 모르리라.

할아버지의 걱정은 또 끝도 없다. TV에서 쏟아내는 각종 사건 · 사고가 다 내 자식에게 벌어진 양 노심초사다. 혼자이다 보니 별의별 생각이 다 드는가 보다. 묵상 · 명상 · 묵념의 온종일의 시간이 적막강산이니 기우杞憂인들 왜 아니 생기겠는가.

아들이 올라간 지 얼마 되지 않았는데 고속도로에서 대형 사고가 났다고 걱정이요, 불이 났다고 근심이요, 꿈자리가 뒤숭숭하니 몸이 안 좋은가가 걱정이다. 늘 걱정 · 걱정 · 걱정의 연속이다. 본능적인 부모의 사랑이리라.

'한 부모는 열 자식을 키워도, 열 자식은 한 부모 섬기기가 힘들다'는 옛말이 그른 말이 아니다.

"내 생전에 눈물이라곤 모르는 사람인데 그놈들 때문에 눈물을 다 흘렸네."

그새 또 눈물이 그렁그렁 하신다. 할아버지의 말씀은 여태 다툼이라고는 모르던 자식들이었는데, 어제는 작은아들이 무엇을 잘못했지 아내는 울고, 형과 형수가 동생을 나무라며 더구나 형이 동생에게 주먹질까지 했다는 것이다.

도저히 이해할 수 없는 말씀이었다. 할아버지의 자녀들은 소문난 효자들에다가 형제애가 유별나 마을의 자랑이고 칭찬거리인데, 치매 때문인지 사실인지 우리도 알 수 없는 노릇이었다.

"늙으면 죽어야지."

자식에 대한 지나친 열정으로 마음이 몹시도 상할 때마다 내뱉는 탄식이다. 이럴 때는 거짓말이 특효약이다. 치매를 앓다 돌아가신 어머님을 통하여 익히 알아왔기에, 곤란한 상황에 부닥칠 때마다 우리는 서슴없이 거짓말을 하고 만다. 격해있는 할아버지의 마음을 위로하기 위해서는 선의의 거짓말이라도 할 수밖에.

금방 사달이 날 듯 안절부절못하시다가도, 이리저리 둘러대는 거짓말에 속아, 안도하면서 귀가를 서두르신다. 이 일도 내일이면 곧 잊어버리고 말 것이다. 늘 그래 왔던 것처럼.

노령 사회가 빠르게 진행이 되면서 독거노인과 노인성 치매 환자가 눈에 띄게 늘고 있다. 우리 마을만 해도 배우자와의 사별과 자녀들과의 별거로 인하여 혼자 살고 계신 분들이 대다수다. 또 치매 때문에 양로원으로 모신 분도 여럿이다. 외로움이 깊어 병이 된 것이 치매일 일 것이다. 실제로 외로움을 느끼는 사람들이 그렇지 않은 사람들보다 치매로 발전할 가능성이 훨씬 큰 것으로 조사 됐다는 말도 들었다. 늙어서는 어쩔 수 없이 외로움과 함께 살아가야 한다지만, 혼자서 감내해야 하는 그 무게는 가히 짐작하고도 남을 일이다.

'현대판 고려장'이라 불리는 노인의 고독사孤獨死에 관한 소식, 또한 심심치 않게 들려온다. 사회가 그만큼 각박해진 증거일 터. 참으로 가슴 아픈 일이다. 그 외로움과 상실감을 극복하기 위해서는 스스로 대인관계가 원만해야 한다는데 그도 쉽지는 아닌 듯싶다.

그래도, 할머니들은 마을 회관에 모여서 함께 식사도 하고, 십 원짜리 내기 화투를 치면서 소일하고 있지만, 할아버지들은 대부분 집 안에서 두문불출이시다. 신체적 기능도 떨어지지만, 경제적인 부담으로 인해 자꾸만 집 안으로 숨어들게 된다고 할아버지들은 말씀하신다. 이제는 마을 회관도 옛날 우리네 사랑방처럼 노인들이 쉽게 드나들며 어울림으로 공유할 수 있도록, 시대에 맞는 다양한 프로그램을 개발함이 우선일 것이다.

이것은 그들만의 일이 아니다. 곧 닥쳐올 우리들의 이야기이기도 하다. 그러나 나이 든 우리조차도 그들의 이야기에 귀 기울이려 하지 않고 버거워하고 있으니, 참으로 부끄럽고 송구스럽다. 짐승도 사람이 그리워 문밖에서 서성인다고 했거늘, 이제부터라도 두 귀를 활짝 열고 노인의 아픔과 고통을 함께 나누리라.

집으로 가셨던 할아버지가 그새 오셔서 초인종을 또 누르고 계신다.

"집에 있는가?"

(좋은수필 2016년)

예뻐서

남편이 중국여행을 다녀왔다. 농협에서 우수 고객으로 선정돼 다녀온 것이다. 여행을 다녀온 다음 날 카톡 방이 갑자기 시끄러워졌다. 함께 갔던 사람들이 보내온 사진과 안부의 문자들이 줄을 이었다. 감회가 새로운 듯 남편은 카톡 방을 열어놓고 손가락을 짚어가며 이것저것을 설명해준다.

장가계. 아름다운 경치와 현지인들의 일상이 고스란히 전해져 왔다. 사진 찍는 기술이 뛰어나서일까. 근래에 나도 중국은 몇 번 다녀온 경험이 있는지라 그리 낯선 풍경만은 아니었지만, 사진임에도 불구하고 장가계의 아름다운 기암절벽과 운해 · 동굴은 지상의 무릉도원武陵桃源이라 할 만치 신비감으로 다가와 또 다른 감동을 자아낸다.

인생부도장가계人生不到長家界, 백세개능칭노옹 百歲豈能稱老翁.

'사람이 태어나 장가계에 가보지 않았다면 백 세가 된다 한

들 어찌 늙었다고 할 수 있겠는가.'

남편은 어깨에 힘을 주며 현지에서 주워들은 풍월風月을 읊는다. 중국인들이 죽기 전에 가 보고 싶은 곳 중의 하나로 꼽는다고 하니, 그 풍광을 가히 짐작할 만하다.

한참 신비감 속에 빠져 있는데, 웬 낯선 여인의 사진이 눈에 확 들어 왔다.

"이 여자는 누구예요? 아는 사람이야? 부부 같네."

갑작스러운 공격에 남편은 당황해하는 눈치다.

"모르는 사람인데 예뻐서……." 자세히 보니 정말 미모가 뛰어났다. 예쁘다는 이유로 알지도 못하는 여자와 감히 그렇게 다정한 자세를 취하다니. 참으로 대단한 용기다.

변명인즉 일행 중 한 사람으로 친정어머니의 보호자 자격으로 따라온 사람인데 어찌나 어머니를 잘 모시는지 그 모습이 아주 예쁘고 사랑스러워 함께 찍었노라고 이유를 장황히 늘어놓았다. 평소에 효에 대한 생각이 남다른 사람이니 이해 못 할 일도 아니건만 왠지 부아가 났다. 속내를 들키지 않으려고 다른 사진에 더 집중해 본다. 그러나 집중하면 할수록 더욱더 화가 치밀며 신비롭게만 보이던 그 사진에서는 더는 아무런 감동도 일지 않았다. 사람의 마음이 이리도 간사스럽다니.

"노부모님을 모시고 여행 온 사람들만 보면 난 감동이 돼. 예전엔 몰랐는데 그 어느 경관보다도 그 모습이 제일 감동을 주고 아름다워 보여."

다리가 불편하셨던 아버지와 말년에 치매가 온 어머니를

구경 한 번 못 시켜 드리고 보낸 것이 못내 마음속에 한이 된 남편이다.

어느 해인가, 지게에다 구순이신 아버지를 태우고 덕유산과 금강산 또, 중국의 태산까지 오른 효자의 이야기가 화제가 된 적이 있었다. 일명 '지게 효자' 이야기. 옛날이야기에서나 나올 법한 그의 여행담을 TV 화면을 통해 보면서 그마저도 남편은 무척 부러워했었다. 눈물을 흘려가며 감탄에 감복하면서 지금까지도 심심하면 그 이야기를 생생하게 중계방송을 할 정도이다.

그 누구의 노랫말처럼 홍시를 보면서도 눈시울을 붉히고, 다정한 모녀와 부자만 보아도 눈물이 난다는 울보 남편이다. 효는 참으로 아름답고, 아무리 강조해도 지나치지 않는다. 그렇지만 아무리 효가 아름답고 예쁘다 해도, 이 사진 만큼은 올바른 행동이 아니라 여김에는 추호도 변함이 없을 듯싶다.

생각해 보니 나도 예전에 시어머니를 모시고 다니면서 딸이냐? 친정어머니냐? 하는 소리를 많이도 들었다. 그들도 그 모습에서 안 계신 부모님을 그리워하며 예사롭게 보질 않았을 터. 잘하고 못하고를 떠나서 없는 것에 대한 그리움의 표현이었을 것이다.

"당신 예전에 나보고 예쁘다고 말한 적 없었잖아요. 남들은 다 예쁘다고 했는데."

짐짓 퉁명을 떨어본다.

꼭 말을 해야만 아느냐며 미안해하고 계면쩍어 하지만 부부

대화의 가장 중요한 것이 무엇이던가. 소통(communication)이 아닌가. 남자의 그 깊고도 깊은 속마음을 이 아둔한 여자가 어찌 알겠는가. 아직도 오리무중이니 응답하라!

다시금 평정을 찾고 나머지 사진을 살펴본다. 조금 전에는 아름다운 경치에 빠져서 더 아름다운 풍경을 기대하며 사진을 올려 보았는데, 지금은 살짝 긴장한 체 그 예쁜 여인만을 찾고 있으니, 어이없는 내 행동에 웃음이 절로 나온다. 그러나 그 여인은 그 한 장만으로 충분하였는지 다시는 보이질 않는다. 그리고 우리 부부는 아무 일도 없었다. 그 여인은 정말로 예쁜 여인이었는가 보다.

(좋은수필 2016년)

봄날은 간다

청소기가 굉음만 내며 먼지를 빨아들이지 못하고 있다. 미세먼지까지 빨아들이며 강한 흡입력을 자랑해온 지 근 10년이니 너무 혹사를 한 것 같다. 진즉부터 고장이 잦아 버릴까 했는데 이웃에서 내다 버린 똑같은 기기가 있어, 필요한 부품을 교체해가며 지금까지 써오다 보니 몰골이 초라하여 우리네 인생을 보는 듯 측은지심惻隱至心이 인다.

요즘에 와서 남편과 나의 대화가 사뭇 달라졌다. 세상사는 이야기부터 아이들에 이르기까지 두루두루 관심의 대상이었는데 지금은 각자가 아픈 이야기만 늘어놓고 있다.

"엉치뼈가 너무 아파서 걸을 수가 없어."

"손목이 저리고 어깨가 아파요."

아무리 힘든 일을 하여도 밤새 자고 일어나면 다음날 거뜬히 일어나 일을 하곤 했지만, 지금은 그것도 통하질 않는다.

몸이 노후 된 기계와도 같다. 건강한 신체에 건강한 정신이 깃든다는 말을 절실히 통감하는 중이다.

동네에서는 이런 나를 두고 아직도 새댁이라 부른다. 헌 댁이 된 지 오래건만, 젊은이들이 없는 탓으로 이런 호사까지 누리고 있다. 그래서 어른들 앞에서만큼은 불편한 내색을 보이지 않으려고 부단히 노력은 하지만, 구관舊官이 명관名官이라고 금방 알아채고는 '젊은 것이 왜 그려.' 하면서 핀잔들이다.

건강이 대세가 된 지 꽤 오래다. 각종 TV 프로그램에서도 앞다투어 의사, 한의사까지 동원해서 건강 정보와 이슈를 내보내고 있다. '어떻게 노후를 보낼 것인가?' '건강을 잃으면 모든 것을 다 잃는다.' 쏟아지는 정보로 인해 사람들은 건강에 대해서 모르는 것이 없을 정도다. 그러나 식자우환識字憂患이라는 말도 있다. 무엇이든지 지나치면 해가 되는 법.

이 때문일까. 우리 마을 뒷산이 이른 봄부터 매우 수선스럽다. 각종 산나물을 채취하러 들어오는 낯선 사람들로 인하여 없던 길이 생겨날 정도다. 엄나무 순·두릅나무 순·뽕나무 순·오가피 순·옻순 특히 두릅 순은 산채의 제왕이라 할 만치 효능이 대단하다고 해서 손수 가꾸어 놓은 두릅까지 욕심을 내는 통에 농민들의 원성이 높다. 내 건강을 지키려고 남의 농사를 해하는 일은 하지 말아야 한다.

어제는 건강 걷기 대회에 참석하였다. 건강도 챙기고 힐링도 얻을까 하여 모처럼 시간을 내 보았다. 걷기 운동은 현대인의 필수 운동으로 가장 안전하고 누구나 쉽게 할 수 있는 운동임에도 불구하고, 이런저런 이유로 시간을 내지 못하고 있으니 게으름을 들킨 듯 새삼 부끄럽다.

벚꽃이 절정을 이루고 있었다. 벚꽃 환송식에 초대된 양 그야말로 잔칫날이다. 꽃비가 흩날리는 꽃 터널 속을 지나니 신선이 따로 없고 무릉도원이 또 어디든가! 머리에 꽃을 얹고 어리광스러운 모습을 사진으로 남기는 친구들의 모습에서 지나간 20대를 본다. 모처럼 만끽하는 여유다.

참으로 많은 사람이 움직이고 있다. 유모차를 밀고 나온 젊은 부부의 모습이 보인다. 풋풋함이 너무도 좋다. 저 시절이 인생에 있어서 최고로 화사한 때임을 저들은 알고나 있을까! 부럽다. 노부부의 모습도 눈에 들어온다. 할머니가 많이 불편한 듯 할아버지에게 몸을 의지하며 힘겹게 발걸음을 옮겨 놓는다. 할아버지의 얼굴에 피어나는 온화한 미소가 또 다른 사랑으로 다가와 가슴을 적신다. 참으로 아름다운 동행이다. 그 곁으로 반바지 차림의 청년이 땀을 흘리며 힘차게 뛰어가고 있다. 젊음과 열정이 눈부시다. 우리도 저런 시절이 있었던가! 눈길 가는 사람마다 괜히 반갑고 정겹다.

출발점에서 멀어질수록 길은 호젓하고 화려함도 덜해져 간다. 바람에 날리던 벚꽃도 더 이상은 따라오질 않는다. 나이가 들어가는 것도 어쩜 이 길과 같지 않을까! 조금쯤은 외로워 보이고 쓸쓸해 보이는 길. 저 멀리서 연분홍 꽃 진달래가 내 의중을 알아챘는지 수줍음을 머금고 심하게 도리질을 친다. 부정을 말함인가?

전환점이다. 잠시 숨을 고른다. 길 곳곳에서 안내자들이 수

신호로 길을 안내해 주고 있었다. 우리네 인생에도 이처럼 고비 고비마다 삶의 안내자가 있었더라면 삶이 훨씬 풍요로웠을 것이다. 누군가 산다는 것은 '저마다의 길을 가는 것'이라고 했다. 그 누구도 대신 해 줄 수 없는 변화무쌍變化無雙한 길을 묵묵히 잘 헤쳐 나왔듯이, 시나브로 늙어감도 자연의 이치로 순응하며, 어떻게 나이를 먹어 갈 것인가를 잠시 고민해 본다.

어느새 벚꽃이 흩날리는 출발점에 다시 와 있다. 장관이다. 아쉬운 마음에 하염없이 날리는 벚꽃을 잡으려 손을 내밀어 보지만, 뿌리치며 더 멀리 달아나고 만다. 아름다운 이 봄날이 가고 있음을 어찌하랴.

다시 청소기를 돌려본다. 아픔을 호소하듯 소리만 요란할 뿐 티끌 하나도 빨아들이질 못한다. 설상가상雪上加霜 단내까지 풍기는 것이 여간 심각한 것이 아니다. 그러나 어쩌랴, 아쉽지만 이놈을 떠나보낼 수밖에.

노화가 극히 자연스러운 현상이며 또 순리라는 것도 잘 알고 있다. 그러나 나이를 먹고 늙는다는 것을 쉽게 받아들이지 못함은 또 어인 일인가. 욕심과 집착을 버려야만 할 터.

이 좋은 봄날마저도 가고 있으니 이래저래 심란하다.

(좋은수필문학 2015년)

비움

나에게는 고질병이 하나 있다. 무엇이든 필요치 않다 여겨지면 미련 없이 버리고 마는 못된 습관 말이다. 남편은 '병중의 병'으로 아주 심각한 병으로 취급한다. 나도 어느 정도는 동감하는 바다.

오늘도 한바탕의 소동이 일었다. 고지서가 없어졌단다. 의문 가는 게 있어서 좀 더 확인해보려고 눈에 띄는 곳에 놔둔 종이가 없어졌다며, 남편은 여기저기를 뒤적이면서 안절부절못했다. 이내 나를 추궁한다. 전과가 있는지라 이럴 때는 모르쇠가 상책이다. 아니 정말 모르는 일이다. 급기야 남편은 쓰레기통까지 뒤지고 있다.

옷 정리를 하는 중이었다. 헌 옷 모으기를 한다는 부녀회장의 연락을 받고 옷장 정리를 하면서 집안 살림 정리까지 하였다. 묵혀 두었던 벨트나 가방 · 신발 · 모자까지도 수거해간다고 하여 이것저것 끄집어내고 보니 꽤 많다. 쓸 만한 것은 아프리카 빈민에게 보내고 그 나머지는 재활용을 한단다. 면 새마을부녀회에서 개최하는 연중행사다. 해마다 물건을 내보내는데도 나오는 물건은 여전하다. 충동구매와 과소비 때문일 게다.

김장해 준 대가로 받았던 고가의 코트가 자루 속으로 던져졌다. 유행이 지난 탓으로 입지 않으면서도 동서의 마음이 기특해 그동안 참 많이도 참아왔다. 갱년기 때문에 몸이 불어나 입지 못하는 옷가지, 새것과도 다름없는 모자들이 가차없이 자루 속으로 던져진다.

순간, 절약 정신으로 무장하고 사셨던 어머님의 목소리가 환청으로 들린다.

"벌 받는다, 벌 받아."

한때 자원 절약을 위해서 '아나바다운동'을 벌이던 때가 있었다. 아껴 쓰고, 나눠 쓰고, 바꿔 쓰고, 다시 쓰자는 취지의 자발적인 운동 말이다. 그때는 IMF 구제 금융 사태가 발생한 직후라서 나라 살림마저 휘청거렸으니 우리네 살림인들 오죽했겠는가. 긴축에 긴축을 더하지 않으면 정말로 어려운 때였다. 사실 부모님 세대야 삶 자체가 아나바다의 정신으로 무장되다시피 했으니, 절약이 그리 어렵지만은 아니하였을 터. 이러한 사회적인 영향으로 우리도 각자의 위치에서 한국인의 저력을 유감없이 발휘하며 경제적 위기를 잘 이겨냈었다.

생시처럼 들려온 어머니의 나무람 때문에 정리하는 손길이 무겁고 더디다.

얼마 전 유럽여행을 다녀왔다. 참으로 인상적이었다. 눈에 보이는 것이 다 예술작품이고 문화재로 옛것을 보존하고 지키려는 그들의 국민성에 반하고 말았다. 간혹 벼룩시장과 비슷한 노점상이 눈에 띄어 기웃거리기도 하였지만, 이것이 '아나바다'의 시초가 아닌가 싶었다. 유명한 벼룩시장은 물건을 사고파는 그 이상의 문화적 가치와 관광적 가치가 있고, 세월의 때가 묻을수록 상품의 진가가 더하다니 그들의 자부심과 책임감을 이해할 만하다. 쉽게 버리고 새것과 빠름을 쫓는 우리네의 빨리빨리 문화와 비교가 되는 건 나의 편견 때문일까.

"이게 왜 여기에 있냐?"

남편이 쓰레기통에서 고지서를 찾아내어 흔들어 보인다. 그것이 왜 거기에 있단 말인가. 도무지 알 수 없는 노릇이다. 못마땅해하는 남편의 표정을 본 순간, 구겨진 고지서만큼이나 내 자존심도 구겨졌다.

"서랍에다 넣을 것이지."

오히려 퉁바리를 놓는다.

어질러져 있고 쌓여 있는 걸 싫어하여 그때마다 즉시 치우다 보니 종종 이런 분쟁이 일곤 한다. 무심의 극치를 보인 것 같아 매우 난감하지만 고치지 못하는 병인 것을 어찌하랴. 덕분에 깨끗한 집으로 정평은 나 있다. 이것이 내 약점인 동시에 또 장점이기도 하다.

버림의 기술이니 미학이니 하면서 버리는 것에 대해서 매우 관대해진 세상이다. 나 역시도 버린다는 생각보다는 비운다는 말로 적으나마 위로는 받고 있지만, 솔직히 말해 마음이 그리 편치만은 않다. 비우기 전에 한 번쯤은 깊이 생각해 볼 일이다.

고질병에 점 하나를 찍으면 고칠 병이 된단다. 놀라운 발견이다. 글자의 신기함에 탄성이 절로 난다. 점 하나의 의미가 참으로 묘하다. 긍정의 점. 나의 이 고질병도 노력이라는 점을 찍고 나아가다 보면 언젠가 새롭게 고쳐지지 않을까!

이런저런 이유를 달며 옷을 넣다 보니 자루가 또 넘친다. 이 모습을 말없이 지켜보고 있던 남편이 한마디 한다.

"설마 쓸모없다고 나마저도 버리는 건 아니겠지?"

(좋은수필문학 2016년)

거짓말

형님께서 마실을 오셨다. 밤에 오신 적은 통 없던 일이라 매우 궁금했다. 더구나 보따리까지 끼고서. 보따리를 펼치니 등산복이 여러 벌이다. 요즘 유행하는 고가의 상품은 아니지만, 상표까지 붙어 있는 새 옷이었다.

"나 옷 장사로 나섰다. 사람들 눈을 피해서 오느라고……."

아닌 밤중에 홍두깨라더니.

형님의 얼굴을 살펴보니 평소와는 사뭇 다르다.

도무지 사태를 파악할 수가 없었다. 지금까지의 형님 경제력을 보거나 그 모든 정황을 보아서는 이럴 처지가 아니라 순간 여러 가지 생각이 떠오른다.

아들이 회사를 나와야 할 처지라더니 그 때문인가! 아니면 장가를 가지 않은 시동생이 양품점을 열었다더니 무슨 일…….

이런저런 추측이 난무하였다. 형님은 한참 동안 아무 말이 없었다. 나 역시도 눈치만 살필 뿐, 뭐라 말하기가 거북했다. 어두운 내 표정 때문이었을까! 형님이 갑자기 거실 바닥을 치며 웃는다.

"바보야, 오늘이 만우절이란다. 송탄 아저씨가 전해주라 해서."

아뿔싸! 아줌마의 현실감 있는 연기라니, 일류 배우 못지않은 저 연기력을 어찌할꺼나.

공식적으로 거짓이 통하는 날이 만우절이다. 거짓말을 가지고 장난친 적이 언제였던가. 까마득하다. 학창시절 이후론 이렇게 통쾌하게 속고 또 속인 기억이 별로 없다.

만우절의 유래는 유럽에서 시작되었다고 한다. 새해의 첫날을 4월 1일로 하다가 1월 1일로 변경하면서 이를 알지 못한 사람들이 그날에 축제를 열고 선물을 교환하면서 장난을 치며 그날을 즐겁게 보낸 데서 유래 되었다고 한다.

우리도 이와 비슷한 역사를 가지고 있지 않은가.

양력설과 음력설. 일제강점기 때 태양력을 쓰던 일본인들이 우리나라의 전통 풍속인 설을 없애기 위해, 강압적인 통치로 양력설을 쇠게 하면서 신정과 구정으로 나뉘었다고 한다. 내가 어릴 때도 그 영향 때문이었는지 신정을 쇠어야하느니 구정을 쇠어야하느니 말이 분분하였던 것으로 기억된다. 국민이 전통성을 내세워 구정에 차례도 지내고 세배를 하면서 맥을 유지해오다가 비로소 '민속의 날'에서 '설'이라는 칭호를 얻게 된 것으로 알고 있다. 이것이 불과 50여 년 전의 일이다.

만우절의 유래나 우리 명절의 유래를 같은 맥락으로 바라보는 것은 내 억지인가. 새해를 시작하는 첫날로 인해 생긴 유래라서 연관을 지어보았다.

만우절. 오늘도 얼마나 많은 사람이 속이고 또 속아 넘어갔을까. 어렸을 적부터 우리는 이솝의 양치기 소년 이야기와 거짓말할 때마다 코가 길어지는 피노키오 이야기를 들으며 거짓말이 나쁘다고 배워 왔다. 거짓말이 나쁜 것은 또한 사실이다. 그런데 이 나쁜 거짓말을 공식적으로 할 수 있는 날이라니, 유럽인들의 재치가 놀랍다. 그들이 원했던 거짓말은 악의 없는 거짓과 가벼운 장난이었을 게다. 그러나 일부 몰상식한 사람들의 무지와 곡해曲解로 인해, 긴급한 상황과 위기감을 조성하고 있으니, 유쾌한 만우절이 불쾌하기 짝이 없다.

동절기 하우스 작물로 상추와 시금치를 심었다. 손길이 많이 가는 작물이지만, 수요가 늘고, 가격이 올라 농한기도 잊은 체, 외국인 근로자들과 함께 하우스에서 살다시피 했다. 작물은 농수산물 시장으로 출하를 하고, 일요일엔 경매장이 쉬기 때문에 주말에 따내는 채소는 거의 이웃과 나누고 있다.

나누는 즐거움을 무엇에 견주랴. 주말은 우리 부부가 수익을 떠나서 또 다른 기쁨을 만끽하는 날이기도 하다. 시내에서 식당을 크게 하시는 송탄 아저씨도 만날 때마다 조금씩 나누어 드렸다. 친환경으로 농사를 지어서인지 시장 물건과는 비교할 수 없을 정도로 맛있다며 아저씨는 남편을 늘 최고의 농사꾼으로 추켜세운다. 그 답례로 하우스에서 일하는 라오스 부부에게 작업복으로 등산복을 보내준 것이란다. 내가 가지고 있는 흔한 것에서 조금 나누었을 뿐인데 일부러 이렇게 선물을 하다니. 마음 씀씀이가 참으로 고맙다. 라오스 친구들이 좋아할 것을 생각하니 나 또한 기쁘다. 즐거운 만우절이다.

아저씨와 형님의 합작인 만우절 특집극은 대성공이었다. 표정 연기가 뛰어났던 형님이 상추 봉지를 건네받고 즐거운 마음으로 집을 나서고 있다.

"형님! 누가 이쁘다고 잡아끌면 따라가지 마슈. 거짓말이니까."

"거짓말이라니!"

(좋은수필문학 2016년)

돌격

남편의 부대 동기들을 만나는 날이다. 정기적인 모임은 일 년에 두 번 있고 그 외에 모임은 경조사 때마다 만나고 있다. 초창기엔 서울과 부산의 중간지점인 대전에서 모여 산행을 하면서 친목을 다지더니, 지금은 지역을 돌아가면서 일박이 일로 모임을 갖고 있다. 전국구인 셈이다.

이번에는 천안에서 모임을 갖는다고 했다. 천안의 동기는 우리와는 구면이지만 다른 동기들과는 거의가 초면이다. 이 분은 남편이 늘 찾고 싶어 했고 미안하게 여기던 동기다. 제대하고 나올 때, 신참인 그에게 돈을 빌렸다고 한다. 부대 주위에 있는 가게에 외상값이 있었던 모양이다. 외상 술값이 아니었나 싶다. 그때나 지금이나 워낙 술을 좋아하고 친구를 좋아하다 보니 그럴 만도 하다. 빌린 돈은 5,000원이라고 했다. 그 당시 하사 월급이 12,000원 할 때라니까 그 돈이 결코 적은 돈은 아닌 듯싶다. 귀가하고 돈을 돌려주려고 하였지만, 여차여차하다 보니 속절없이 세월만 보낸 꼴이다.

"때린 놈은 발 뻗고 못 자도 맞은 놈은 발 뻗고 잔다." 라는 속담이 있다. 이유야 어떻든 남편은 그것이 늘 마음에 짐이 된 듯 입버릇처럼 그이야기를 되뇌었다.

하우스 일로 항상 바쁜 남편이다. 그래서 다른 동기를 통해, 어렴풋이 알고 있는 옛 주소를 알려주고 찾아보라 일렀다. 하루가 다르게 변하는 세상에 그것이 결코 쉽지만은 않았을 것이다. 그 30년이란 세월은 또 어떤 세상이던가. 물어물어 어렵게 그 친구가 사는 곳을 간신히 알아내고 급기야 그를 우리 앞에 모셔다 놓았다. '안 되는 것도 되게 하라' 는 투철한 군인 정신이 되살아났던 모양이다.

"충성! 내무반장님 기분이 너무 좋습니다. 내 생애 최고의 날입니다."

이산가족 상봉처럼 서로 부둥켜안으며 매우 감격해 하였다. 실로 몇 년 만의 해후던가. 정확히 36년만이라고 했다. 바라보는 나도 가슴이 뭉클해왔다.

'돌격!'

아침부터 카톡 창이 시끄럽다. 오늘은 이 동기가 모임을 주선하였다. 시간에 맞추어 약속 장소에 도착해보니 아주 근사한 횟집이다. 일찍 도착했다는 부산의 주 병장. 순천에서 온 한 하사, 문 병장 · 이 일병이 일렬로 도열하여 우리를 맞는다. 열렬한 환영에 오히려 나만 무안하다. 근황과 인사를 주고받는 사이 다른 동기들도 속속 도착했다. 누구보다도 반기는 이는 오늘의 주인공인 박 일병이다. 호칭이 제각각이다. 일병· 형님·아우·병장, 모두가 60을 전후한 나이다. 혈기 왕성한 20대에 만나 머리가 희끗희끗한 회갑의 나이에 이렇게 만나니 인사와 환영이 뜨겁다. 끈끈한 전우애다.

대권에 도전하고 있는 그 어느 분도 "군대 이야기를 쓰자면 책 한 권쯤 쓸 수도 있을 것 같다"라고 하였다지만 이들의 군대이야기 역시, 앉을 새도 없이 마구 쏟아져 나온다.

"저 친구가 말이야, 자대 배치를 받고 와 얼마 되지 않아서, 내 침상에다 술 먹고 오바이트를 하지 않았겠나. 줄빳따를 쳤지."

구타마저도 추억이란 이름으로 아름답게 포장되는 그 세계가 참으로 놀랍다. 가혹 행위와 규율은 다를지라도 군대가 유지 되는 것은, 그 모든 것이 군기로 받아들여지기 때문이리라.

박 일병이 떠나는 사람에게 빌려주었던 돈의 의미는 무엇이었을까. 선임에 대한 충성? 사나이의 의리? 군기? 돈은 빌려주지 않아서 잃은 친구보다 빌려주어서 잃은 친구가 더 많다고 하였다. 그러나 그는 그 일 조차도 까맣게 잊고 산 듯싶다.

금강산도 식후경이라고, 거한 상이 차려져 나온다. 푸짐한 모듬 해산물· 해물찜·튀김·초밥 등, 상다리가 휠 정도다. 반가운 사람들과 함께하는 자리에 술이 빠져서는 아니 될 터. 어깨를 맞대고 술잔을 부딪치며 흥분으로 고함을 쳐도 그 모습이 정겹기만 하다. 그들이 나누는 오래전 이야기가 어제일

과도 같다. 어쩜 그리도 생생한 증언을 할까 싶다. 다시 입대하라면 모두가 손사래를 치면서도, 그 이야기에 저리도 흥분하는 이유는 동고동락했기 때문이리라.

신의 아들과 어둠의 자식이라는 말이 있다. 대한민국 국민이라면 병역의 의무를 다 해야 함이 옳을 일이지만, 신체가 건강함에도 불구하고 그 의무를 다하지 않는 일부 특권층과, 또 돈 없고 빽 없는 부모를 둔 자들에게 하는 비아냥거림의 말일게다. 어둠의 자식 편의 부모 된 입장에선 결코 편치 않은 표현이지만, 그로 인한 저 행복한 모습들은 어찌하랴. 신의 은총을 입지 않은 자들은 감히 맛볼 수 없는 저 모습이 어찌 아름답지 않을 수 있을까. 참 보기 좋은 모습이다.

남편이 계산서를 들고 슬그머니 자리를 뜬다. 나는 그가 무엇을 하려는지 알고 있다. 자칭 전략가라 말하였다. 그는 오늘 기필코 그 무거운 짐에서 해방이 될 것이다.

돌격 앞으로!

(좋은수필 2017년)

4부

조국이 없으면 나도 없다

공원에서

아이와 함께 모처럼 집 근처의 공원으로 산책을 나섰다.

파란 하늘과 붉게 물들어 가는 단풍나무들이 가을 정취를 자아내고 있다. 아이들의 웃음소리가 넘쳐나는 이 공원에 오면, 시야에 들어오는 그 모두가 아름다워 희망이 솟구친다. 그러나 그 희망 뒤에는 내가 누린 혜택에 대한 책임이 있어야 함을 나는 잘 알고 있다.

떨어진 낙엽들은 가벼운 바람에도 갈피를 못 잡고 이리저리 굴러 다니느라 부산스럽다. 등나무 밑에 몰려 있는 낙엽 위로 조심스럽게 앉아 본다.

실외 운동기구에 올라서서 아이들이, 구부정한 모습으로 어른의 흉내를 내고 있다. 무엇이 그리도 재미있는지 그들 모습에서 재잘대는 종달새들의 모습을 본다.

그런데 아이들이 지나치는 곳마다 낙엽같은 것이 떨어지고 있었다. 주의 깊게 바라보니 그것은 아이들이 먹고 버리는 사탕 껍질이었다. 안 되겠다 싶어서 아이들을 불러 세웠다. 노골적으로 경계하며 하나둘씩 다가선다.

"친구들, 이거 누가 버렸지요?"

여기저기 널려 있는 사탕 껍질과 아직 손에 쥐고 있는 사탕을 번갈아 보며 서로 얼굴만 쳐다볼 뿐 아무도 대답이 없다.

"우리 친구들이 재미있는 놀이 때문에 깜빡 잊었나 보다. 이런 것을 아무 데나 버리면 안 되지요. 이렇게 버리면 금방 더러워져서 다음엔 이곳에 놀러 올 수가 없게 돼요. 우리 사탕 껍질을 주워서 저기 있는 쓰레기통에 넣어볼까"

대답도 없이 고개만 끄덕이더니 이내 나를 따라 비닐봉지에 사탕껍질을 주워 담기 시작하였다. 한 명 한 명에게 칭찬을 해주니 아이들이 신이 났다.

"아줌마! 여기도요."

아이들과 약속했다. 이제부터는 자연을 사랑하고 쓰레기를 함부로 버리지 않기로. 새끼손가락을 걸고 손도장까지 찍으며 결의를 다진다. 잠시 뒤 일상으로 돌아간 아이들은 공놀이에 열중하고 있다. 사탕 껍질이 땅에 떨어질세라 행동이 조심스럽다. 너무도 귀엽다. 그 순수한 모습을 바라보고 있자니 십 년이 훌쩍 넘어버린 옛 기억이 새롭게 떠올랐다.

시골에서 나고 자란 우리 아이들. 걸음마를 배우기 시작하면서부터 쓰레기통을 잘 사용하여 동네에서도 깔끔한 아이로 소문이 날 정도였다. 누가 시키지 않았는데도 껌을 하나 씹어도 아장아장 걸어서 자기 키보다 더 큰 쓰레기통에 매달려 집

어넣곤 했다.

하물며 길거리에 있는 쓰레기까지 끌고 오는 통에, 석유통으로 만든 쓰레기통이 언제나 넘쳐날 지경이었다. 집안 어른들의 몸에 밴 분리수거 덕분이라 여겨진다. 지금은 분리수거가 생활화되었지만, 그때만 해도 쓰레기를 분리하는 사람이 그리 흔치 않을 때였다. 지금까지도 우리 아이들은 쓰레기를 분리하는 것만큼은 철저하다.

'어린아이의 선생이 되려면 먼저 자기 자신의 선생이 되어야 한다.'라는 말이 있다.

닮기를 좋아하고 흉내 내기를 좋아하는 아이들에게 어른들은 바르게 행하여, 본이 되도록 노력해야 할 것이다.

넘어가는 해가 나뭇가지 사이로 붉게 물들고 있다.

새끼손가락 걸며 약속을 나누었던 꼬마 친구들 모습도 이젠 보이지 않는다. 그 약속이 오래도록 변치 않기를 소원하면서, 긴 상념에서 벗어나 천천히 발걸음을 옮긴다. 오늘따라 바람이 더 훈훈하다.

(안산시 환경백일장 최우수상 1997년도)

꼴찌해도 6등

사십을 바라보는 늦은 이 나이에, 아이의 취학 통지서를 받아 들고 학부형이 된다는 그 사실 하나만으로도, 우리 내외는 얼마나 가슴이 벅찼는지 모른다.

아이도 수시로 빈 가방을 메어 보면서 설렘으로 입학식 날을 손꼽아 기다렸다.

임시 소집일. 예쁘게 치장을 한 후 아이를 데리고 예정된 시간보다 일찍 학교로 갔다. 아이들 하나 없는 빈 운동장이 우리를 조용하게 맞았다. 시간이 다 되어 가자 몇몇 눈에 익은 학부형들이 아이들을 데리고 나타나기 시작했다.

그런데 우리는 교무실로 안내된 후 깜짝 놀라지 않을 수 없었다.

두 번 세 번 또 세어 보아도 그곳에 모인 아이들은 전부가 6명. 내 눈을 의심하였다. 너무나 어이가 없었다. 적으리란 예상은 했었지만 이렇게까지 적을 줄이야. 교육 현장에서도 농촌 피폐 현상의 서글픈 단면을 보여주고 있는 것이다.

취학 통지서를 들고 설렘으로 집을 나설 때의 기분은 어디로 가고 마음이 착잡하고 무겁기까지 했다.

축구팀 하나도 못 만들 인원이다.

한 학부형이 말했다.

"우리 아이들은 걱정 안 해도 되겠어요. 아무리 공부를 못해도 학년 전체에서 6등은 할 수가 있으니까요"

한국 농어민 신문 (1992년)

-주부일기-

사랑 만들기

만년 소녀일 것만 같던 나도, 나이가 들어 더 이상 남들이 어리게 봐 주지 않는 것이 야속한, 스물여덟에 결혼식을 올렸다. 한 달여 동안의 짧은 만남이었지만, 그의 위트와 유머에 호감을 느껴, 내가 제일 외면하고 싶었던 농촌 총각이라는 사실도 잊은 채 아주 쉽게 그의 동반자가 되고 말았다.

결혼 전날 나는 단지 좋은 감정만으로 결혼을 하는 게 못내 아쉬워 그에게 긴 편지를 썼다. 사랑의 감정을 느끼기엔 우리의 만남이 너무 짧았다는 생각이 들었기 때문이다.

그러나 10년이란 세월이 흘러 두 아이의 엄마가 된 지금, 내게도 그 진한 사랑이 깊게 뿌리를 내렸다. 얼마 전 아이가 다니던 시골 학교가 분교가 되는 바람에, 우리 네 식구는 교육 환경을 내세워 정든 고향 평택을 등져 가며 신흥도시인 이곳 안산으로 이사를 왔다. 분교에서 큰 학교로 전학을 오면서 잘 적응해 나갈까 몹시 염려했었는데 아무 탈 없이 잘 따라 주고 있으니, 참으로 대견스럽다.

며칠 전, TV를 보던 큰 아이가 엉뚱한 질문을 해왔다.

"엄마! 아기가 어떻게 엉덩이에서 나와요?"

순간 뭐라고 말을 해야 할지 무척 당혹스러웠다.

"응 그건 아기가 나오는 길은 부드러운 고무처럼 되어 있어서, 아기가 나올 때는 늘어났다가 나온 후에는 다시 오므라드는 거야."

얕은 상식으로 출산에 관해 설명을 해주니 고통까지도 묻는다.

그때의 아픔을 말해주니 아이는 곧바로 반응을 보인다.

"엄마! 고맙습니다. 날 낳아주셔서."

출산의 고통을 얼마나 이해하였을까마는 어미의 진통을 고마워하는 아이를 보면서 그날의 아픔을 기억해 본다.

시집온 지 서너 달 지나서였다. 예고도 없이 찾아온 아픔, 현기증과 함께 갑자기 아랫배가 오그라질 듯 아파 땅바닥에 엉금엉금 기다시피 하여 간신히 방에 들어와 눕고 말았다. 거울 속에 비친 내 얼굴은 백지장처럼 하얗게 질려 있었다. 남편이 들어와 걱정스럽게 바라보며 병원에 가자고 재촉을 하였지만, 복통이 점점 심해져 몸을 추스를 수조차 없었다. 식은땀이 온몸을 적셨다. 식중독인 듯싶었다. 그 와중에도 도시락을 가져간 막내 시누이가 걱정되었다. 속이 메스꺼워지며 구역질이 점점 심해져 왔다. 토하려고 애를 써보았지만 헛구역질뿐이었다. 밭에서 일하시다 일손을 놓고 한걸음에 달려오신 어머님은 방 안의 광경을 보시곤 내 얼굴보다 더 하얗게 질리셨다. 병원에 가려고 부른 택시가 도착했다. 아랫배가 몹시 당겨서 업힐 수도 걸음을 옮길 수도 없어서 질질 끌려나갔다. 순간 기절을 했는가 보다. 물이 입속으로 넣어지며 잠깐 정신을 차리고 간신히 차에 몸을 실었다. 자리를 같이한 어머님의 간절한 기도 소리가 들려왔다.

"하나님 아버지! 도와주옵소서. 정신 차려라. 주여! 주여!"

병원에 도착하였다. 응급실에서 산부인과로 옮겨진다. 자궁외임신이라고 하였다. 외상 출혈은 없지만, 너무나 많은 양의 피가 안으로 터져 있어서, 서둘러 한쪽 나팔관을 떼어내지 않으면 생명이 아주 위험한 상황이라고 했다. 다급하게 검사실로 옮겨졌다. 완전 벌거숭이가 되어 X-ray 촬영을 했고, 그것을 찍는 짧은 시간에도 의식을 잃고 쓰러지기를 여러 번. 통증과 압박감이 가슴까지 차올라와 숨을 쉴 수 없을 만큼 가슴이 아파 왔다. 피가 모자라 수술할 수가 없다고 하여 많은 양의 피를 수혈하였다. 누구의 피인지도 모르면서, 선한 분의 고마움보다는 역겹다는 생각을 하며 피를 받았다. 그리고는 썰렁한 수술실로 옮겨졌다. 혼자였다. 오늘 일이 까마득히 먼 날의 일 같이 느껴졌다. 굉장한 아픔이 전해져 왔다. 소리칠 수도 움직일 수도 없는 마취 상태에서 느낀 그 어떤 감각이었을 것이다.

얼마나 지났을까. 까마득한 곳에서 나를 부르는 남편의 목소리가 들려왔다. 끊어질 듯 허리의 아픔을 느끼며 서너 시간의 긴 수술을 무사히 마치고 마취에서 깨어나는 중이었다. 어쩌면 생과 사의 갈림길에서 나보다 더 긴장하고 더 공포에 떨고 있었음을 말해 주듯이, 남편과 어머님의 얼굴은 하루 동안 무척 수척해 있었다. 주위 사람들의 많은 사랑과 격려를 받으며, 열흘간의 병원 생활을 마치고 퇴원하는 날, 의사 선생님께서 조용히 불러 몇 가지 당부하신다.

"한쪽 나팔관으로도 얼마든지 임신할 수 있습니다. 한데 불행하게도 한쪽 나팔관을 떼 낸 분 중에 또 다른 한쪽이 막히게 되는 경우도 있으니까, 이상 증세가 보이면 즉시 병원으로 오셔야 합니다."

우리는 또 다른 불안감을 안고 퇴원했다.

'안 된다 · 하지 마라 · 들어가 쉬어라.' 어머님의 과잉보호는 날이 갈수록 더해만 갔다. 그것이 굉장한 부담으로 느끼던 어느 날, 1년 전 그날의 그 증세와 똑같은 아픔이 새벽부터 되살아났다. 지레 겁을 먹은 나는 배를 움켜잡고 절망적인 울음을 쏟아 냈다.

"울지 마. 별일 없을 거야."

우는 나를 다독이며 남편은 허둥지둥 병원 갈 채비를 서둘렀다. 일요일인 데다가 밖에는 비까지 내렸다. 병원에 도착하기까지 내 머릿속에서는 온갖 방정맞은 생각이 다 들었다.

"하나님! 제게 아무 일도 일어나지 않게 도와주세요."

응급실에서 검사를 받고 기다리는 내내 애타게 흘러나오는 기도였다.

"임신입니다. 그런데 유산기가 있습니다. 절대 안정이 필요합니다."

임신이란다. 그토록 고대하던 임신 소식이 믿기지 않아서 확인에 확인을 거듭하고서야 밝은 마음으로 병원 문을 나설 수 있었다. 날씨마저도 반기는 듯 어느새 비가 개고 화창해졌다.

절대적인 안정을 취하면서도 정신적인 불안감 때문인지 계속 피가 비치면서 유산 기미가 없어지지 않았다. 급기야 친정으로 몸을 옮겼다. 그곳에서도 유산 방지제를 맞고 한약을 먹으며 몸 움직임을 최대한 줄이며 조심을 했다.

이렇게 어려운 유산의 고비를 양쪽 어른들의 정성으로 간신히 넘길 수 있었다. 그러나 또 하나의 고비가 우리를 기다리고 있을 줄이야. 만삭이 다 되어 아기가 거꾸로 앉아 있다는 것이다. 그러나 힘든 것도 아랑곳하지 않고 온전한 아이를 출산키 위해 열심히 물구나무서기를 하였다. 어머니는 위대하다고 했던가!

그해 늦가을에 나는 건강한 아이를 생산해 낸 위대한 어머니가 되어 있었다.

흔히들 사랑의 고통은 아름답다고 말한다. 오늘도 내일도 귀한 새 생명을 낳기 위해서 수많은 산모의 애끓는 진통은 계속될 것이다.

생활수기 수상작
(1997년도)

무엇을 보고 있는가

어떤 사람은 늘 감사하며 능동적으로 살고, 어떤 사람은 늘 불만과 불평 속에서 피동적으로 산다. 세상을 어떤 시각으로 보느냐에 따라 우리의 삶도 여러 형태로 달라질 것이다. 고백하건대 나는 감사에 매우 인색한 삶을 살아왔다.

오늘은 추수 감사 주일이다. 이 특별한 절기가 아마도 이러한 나를 위해서 생기지 않았나 하는 생각을 해본다. 의도적으로라도 오늘만큼은 감사의 시간을 가져보리라

일주일 만에 보는 주일학교 친구들을 만나기 위해 서둘러 집을 나섰다.

쇠락하여 떨어져 버린 나뭇잎을 처연히 내려다보며, 미루나무가 알몸으로 떨고 있다. 깊은 가을에만 느낄 수 있는 이 고즈넉함을 나는 사랑한다. 개천가 마른 풀섶에서 서러우리만치 곱게 단장한 서리꽃이 바쁜 걸음을 멈추게 한다. 비록 작

고 볼품없는 잡초에 불과하지만 하얀 서리를 듬뿍 뒤집어쓰고도 비굴하지 않은 몸짓으로 꿋꿋이 서 있는 모습에서 참다운 용기와 의지를 본다.

예배당에서는 아이들의 찬양이 시작되었다.

♪Thank You Jesus, for your love to me♬

시골 교회지만 지구촌 시대를 살아가야 할 어린 친구들은, 벌써 미국 선교사들과 친교를 맺으며 세계화의 대열에 앞서고 있다. 아이들은 그들에게 배운 영어로 주일마다 이렇게 힘차게 찬양을 부르며, 매우 즐거워하고 있다.

♬Jesus Loves Me, this I Know♩

이 찬양이 이웃에게 사랑과 평화의 메시지로 전해지길 기도해 본다.

빨갛게 열을 내는 난로 곁에서 어린 친구들이 고사리손을 모으고 있다.

"하나님 아버지 참 감사합니다."

그때 갑자기 뒷문이 요란스럽게 열리며 영철이가 뛰어들어온다.

"어유 지겨워, 어유 지겨워. 추워죽겠네."

아이들은 웃고 야단법석이었지만, 그냥 웃어넘길 수만은 없었다.

"영철아, 그런 거친 말을 쓰면 안 돼. 예쁜 말을 써야 하나님이 기뻐하시고 또 사랑하시지."

영철이는 거동이 불편한 할머니와 함께 살고 있다.

몸을 내 의지대로 움직이지 못해서인지, 할머니의 말씀과 행동은 매우 거침이 없으시다. 무엇이든지 민감하게 받아들여 부모의 언행을 그대로 답습하는 것이 아이들이기에 영철이가 내심 걱정스럽다.

유년부 친구들이 어느새 영철이와 내 곁으로 옹기종기 모여들었다. 천진하기가 그지없다.

무엇이든지 하나님 앞에 감사하는 사람이 되어야 함을 이해시키고, 또 감사할 줄 모르는 사람은 짐승과 같은 사람임을 강조하던 나는 나의 이 이중성에 그만 말문이 막혔다. 얼굴이 화끈 달아오른다. 다행히도 아이들은 눈치를 못 챈 듯싶다.

1년을 돌아보면서 감사의 제목을 찾아 각자 발표하는 시간을 갖기로 하였다. 먼저 종규가 손을 번쩍 든다.

"아빠가 화물차를 운전하시는데요, 교통사고가 한 번도 나지 않아서 감사해요.

"저는요, 다른 학교로 전학한 것이 제일 감사해요."

시샘하듯 종규의 말을 가로채고 나서는 민재다. 분교로 남아 있던 학교가 폐교되어서 시내 큰 학교로 옮겨간 것을 참 다행으로 여기고 있는가 보다.

"현준이는?"

연필을 입에 물고 대답을 찾지 못하고 쑥스러워한다.

"현준이는 얼굴이 너무 예뻐. 엄마에게 감사해야지? 이렇게 예쁘게 낳아주셔서."

생각해보니 나 역시도 감사할 제목이 너무나 많다. 무엇보다도 가족이 다 건강한 것이 얼마나 감사할 일인가. 또 든든한 버팀목인 남편이 있고 늘 자식들의 밝은 웃음소리가 있음에랴. 그뿐인가, 이렇게 아름다운 세상 속에서 살고 있음에 더욱 감사할 일이다.

평소에 무심히 지나친 모든 것에서 감사함이 저절로 배어 나온다.

이 때문일까. 내 마음이 오늘따라 밝고 따스하고 괜스레 흐뭇하다.

(농어촌여성문학 2002년)

현상수배범을 아십니까?

수확의 계절이다.

황금물결이 일렁이는 들녘을 바라보는 정 씨의 마음이 한결 푸근해 보인다. 이보다 더 아름다운 풍경화가 또 있을까! 감탄사가 절로 나온다.

콤바인 작업기가 논배미를 종횡무진 누비면서 여백의 미를 더 해 주고 있다. 탈곡 소리에 놀란 코스모스는 파르르 떨며 가녀린 몸을 숨기기에 바쁘고, 검불을 뒤집어쓴 갈대는 흰 머리카락을 휘저으며 거칠게 저항하고 있다.

모처럼 갠 날이다. 기상 이변으로 정 씨는 참으로 오랜만에 맑은 하늘을 본다.

하늘을 우러러 한 점 부끄럼 없기를 잎새에 이는 바람에도 괴로워하면서, 올라갈 수 없는 나무는 감히 쳐다보지도 못하고 살아온 세월이다.

그런데 오늘 낮에 정씨가 다니고 있는 예배당에서는 의미심장한 바람이 불었다.

"장로님! 이사 가기 전에 딱 한 번만 은행을 텁시다. 이번이 정말 마지막이 될 것 같습니다. 이젠 하고 싶어도 더 할 수가 없게 됐습니다."

은행털이는 1년에 한 번씩 벌어지는 예배당의 연중행사다. 올해라고 그냥 지나칠 수가 없었나 보다. 은근한 모의는 교인들을 긴장 속으로 몰고 가기에 충분하였다. 급기야, 교인들은 10월 첫 주일에 은행 털기를 만장일치로 결의한다.

"올해도 이 일을 꼭 해야 하는가?" 처음 하는 일도 아니건만 정 씨는 마음이 매우 어수선하다. 나이가 들어서일까. 매사에 의욕이 없고 계절이 바뀔 때마다 정신적인 결핍과 상실감 같은 것이 마음 한 구석에 드리워 심란하다.

이런 마음을 감추고 여러 사람의 뜻에 따르기로 마음을 먹는다. 뜻이 있는 곳에 길이 있다고, 걱정 반 기대 반으로 날씨까지 걱정하며, 좋은 날을 허락해 달라고 간절히 기도를 드리는 정 씨다.

'주여! 드디어 때가 왔습니다. 지난 1주일은 참으로 길었습니다.'

삼삼오오 짝을 이루며 예배당 안으로 들어서는 교우들의 눈빛이 오늘따라 예사롭지가 않다.

예배당 안은 오늘도 여전히 경건했다. 1주일 동안 지은 모든 죄를 회개하며, 주의 나라가 임하고, 썩을 대로 썩은 이 세상을 깨끗이 씻어 주기를 기도하며 교인들은 정성스럽게 예배를 드린다.

'욕심으로 이루어진 행복은 영원할 수 없습니다.'

목사님의 설교가 교인들의 가슴에 와 박힌다. 금강산도 식후경이라 했던가! 칼국수로 점심을 해결한 그들은 장비를 재정비하며 마음을 다잡는다. 마대자루, 면장갑, 고무장갑, 모자.

그들의 주도면밀함에 정씨는 경악을 금치 못한다. 잠시도 긴장을 풀지 않고 작전명령이 떨어지기만 기다리는 교인들이다.

1시 30분. 손에 긴 장대를 거머쥔 목사님께서 작전개시를 알려 왔다.

"우람이와 정훈이는 이쪽에서 나무를 흔들고, 장로님과 김집사님은 나무 꼭대기로 올라가셔서 장대로 나뭇가지를 치십시오. 자 시작합니다. 먼저 모두 모자를 쓰세요."

'후두둑 후두둑'

미처 물들지 못한 퍼런 나뭇잎과 제법 알이 굵은 은행 열매가 머리를 강타하며 땅 위로 마구 떨어져 내린다. 농익은 은행 냄새가 코를 찌른다. 그러나 그들은 전혀 아랑곳하지 않는다.

은행 떨어지는 소리가 천둥소리처럼 요란하다.

모처럼 동심으로 돌아간 어른들은 환호성을 치며 이리 뛰고 저리 뛰면서 은행을 주워 담느라 정신이 없다. 가득 채워진 자루들이 금세 이 열 횡대를 이루고 있다.

"이것이 돈 자루요. 돈 "

빨갛게 상기된 얼굴들은 모처럼 행복감이 그득하다.

정씨가 잠시 하늘을 올려다본다. 쪽빛 하늘이 눈부시다.

그러나 뜰 안이 그야말로 난리가 지나간 것처럼 아수라장이다. 순간 하늘이 준 천혜의 자연을 너무 소홀하게 대했음을 자책하며, 감추고 싶은 자신의 욕심이 드러난 듯 부끄럽기 그지없다.

나뭇가지에 앉아 있던 김 집사가 난데없이 소리친다.

"목사님! 제가 신고할까요. 하나님 믿는 사람들이 하늘 무서운 줄 모르고 은행을 털고 있다고요!"

"예 그렇게 하세요. 이왕이면 현상금까지 걸고 하십시오."

(농어촌여성문학 2008년)

어른들은 몰라요

이사를 하고 몇 달이 지났건만 아직도 집안이 어수선하다. 그도 그럴 것이 같이 이주한 다른 집들처럼 건축자에게 일임한 것도 아니고 남편 혼자서 모든 일을 해가며, 더구나 봄 농사까지 겹치다 보니 여간 바쁜 것이 아니었다. 마당에 조경까지 모두 끝낸 발 빠른 이웃들은 잔디 속의 잡풀을 솎아내면서 즐거운 비명을 지르고 있다.

"사람이나 미물이나 어릴 때는 예쁘고 잘 다스려지지만, 이렇게 웃자라니 어떻게 잘라야하고 또 어찌 뽑아야 할는지……."

연일 계속되는 무더위다. 한낮에는 감히 밖으로 나갈 엄두를 내지 못할 정도다. 전에 살던 집에서 옮겨다 놓은 어린 감나무가 낯선 땅에 적응을 못 하고 더위에 심한 몸살을 앓고 있다. 이파리가 축 처진 것이 더위를 핑계 삼아 잠시 낮잠을 즐기고 있는 남루한 남편의 모습과 어쩌면 그리도 흡사한지 마음이 편치가 않다. 언젠가는 저 나무도 잎이 무성하고 튼실해져서 우리에게 또 다른 삶의 휴식처로 넉넉한 품을 내어 줄 것이라 믿어본다.

더위 때문에 일이 손에 잡히지 않는다. 하릴없이 서성이며 애꿎은 땀만 흘리다가 그동안 벼르기만 했던 야심 찬 작업을 위해 두 팔을 걷어붙였다. 거실에서 2층으로 올라가는 계단 앞에는 철문으로 된 잿빛의 방화문이 있다. 실내 분위기와는 영 동떨어지고 생뚱맞아 보여서 나무색의 페인트칠을 할까 아니면 시트지를 붙여볼까 여러 날 고민을 했다. 결론은 그 문에 대나무 발을 치고 아이들의 어릴 적 사진을 적당하게 붙여 보기로 결정을 내렸다. 그 일도 생각처럼 그리 쉬운 일이 아니다. 강력 접착제를 문에다 바르고 발을 붙여 보았지만, 금속성이어서인지 발이 주르르 밀리고 만다. 그것도 일이라고 얼굴과 등줄기에 땀이 또 범벅이다. 이번엔 다시 넓은 양면테이프로 발을 고정해본다. 성공이다. 아이들의 어릴 적 대형 사진을 걸쳐 놓으니 인테리어로 제격이다.

연년생인 대여섯 살의 두 아들이 손을 꼭 잡고서 나를 향해 예쁜 웃음을 날리고 있다. 아이들의 그 웃는 입 모양에서 난 그날의 김치 소리를 다시 듣고 있다. 너무도 앙증스럽다. 웃음은 전염이 된다고 했던가. 자꾸만 입가로 웃음이 새어 나온다.

'어른들은 몰라요'라고 새겨진 사진 속 두 아이의 웃옷이 다시금 아득한 그날들을 반추케 한다. 반듯하게 자라온 세월이다. 참 고맙다. 세상에서 가장 큰 행복은 아마도 자식을 통해서 얻는 이 성취감이 아닐까 싶다. 이 아이들은 내가 행복할 수 있는 가장 큰 이유이기도 하다. 그때의 그 키로 복원된 사진처럼 우리들의 과거도 다시 복원될 수 있다면 하는 부질없는 생각을 해본다.

작은아이는 그 당시 왜 그토록 그 옷에 집착했고 그 옷만을 고집했는지 난 아직도 모른다. 두 아이가 성년이 된 지도 이미 오래되었다. 큰아이는 대학졸업반이지만 취업을 염두에 두고 며칠 있으면 캐나다로 어학연수를 떠날 것이고 작은아이는 지금 휴학 중이다. 작은아이는 전공과는 거리가 먼 경찰이 되겠다며 시대적 상황에 내몰리어 공무원 수험생의 길을 선택하였다. 그야말로 고시공부에 돌입한 셈이다.

청년 실업이 중요한 사회적 현안으로 제기된 것이 어제오늘 일이 아니다. '이태백'이니 '잉여인간'이니 하는 신조어가 생겨날 정도로 취업난이 매우 심각한 수준에 와 있음을 우리 아이들을 통해서도 익히 알고 있는 터이다. 일찌감치 20대의 낭만과 꿈을 접고 그 좁은 취업 문을 향해 질주하고 있는 아이들을 묵묵히 바라만 보고 있자니 안쓰러움에 부아가 치민다.

'누가 대한민국의 20대를 구원해줄 것인가?' 기성세대를 향한 그들의 이 외침은 메아리로만 남을 뿐 오늘도 도서관의 열기는 한낮의 이 불볕더위보다도 더 뜨겁게 달구어져 있으리라. 옷에 새겨진 그 문구가 시대적으로 힘든 이 상황을 대변이라도 하는 것 같아서 행복했던 마음은 금세 사라지고 무거운 마음뿐이다.

나라님께서도 청년 실업 문제를 일자리 창출이라는 핑계로, 그 어떠한 문제보다도 우선순위에 두어야 함을 누누이 강조하며 관심을 보이는 부분이지만, 젊은 실업인들이 해마다 늘고 있음은 어이 된 일인지 개탄스럽다. 청년 실업 비상구는 정녕 없는 것인지!

오늘도 우리 아이들은 굳게 닫힌 문을 향하여 또 외치고 있을 것이다.

"어른들은 몰라요, 우리들의 이 고통을……."

(농어촌여성문학 2011년)

요즘 것들

조석으로 드나들던 형님께서 일주일이 넘도록 발걸음이 없었다. 촌수를 따져서 형님이라고 부르지만, 팔십이 넘은 노인이시다. 지병인 혈압과 당뇨가 심해진 것은 아닌지, 혹여 나의 허물없음이 심기를 불편케 한 것은 아닐까 걱정이 앞서 내심 궁금해 하던 차에 마실을 나오셨다. 못 본 사이에 무척 수척해지셨다.

"친정 올케가 갑자기 세상을 달리했어."

오복壽·富·康寧·攸好德·考終命 중에서 다섯 번째 복으로 고종명考終命을 꼽는다. 고종명은 사람이 제명대로 살다가 편안히 세상을 떠나는 것이라고 했다. 99·88·234. 언제부턴지 어른들 사이에서 크게 유행하는 건배사란다. 나이 든 사람이라면 누구나 이 고종명의 복을 바랄 것이다. 이른바 well dying. 형님 역시도 고통 없이 영면永眠하신 고인을 몹시 부러워하면서, 그 복이 당신께도 와 주기를 간절히 빌고 계셨다.

"내일이라도 조용히 잠자듯이 그렇게 죽으면 얼마나 큰 복일까. 천복이지."

전에 없이 눈자위가 깊고 침울하여 상가에 다녀오셔서 그런가 보다 했는데 실은 그게 아니었다.

문상 다녀온 다음 날 며느리와 크게 언쟁을 한 모양이었다.

"세상이 달라졌다고는 하지만, 도대체가 시집을 왜 온 것인지 모르겠어. 집안일과 밥하는 것을 도통 하려 들지 않으니. 적어도 즈이 신랑 밥은 해줘야 할 것 아녀."

취미와 문화생활을 핑계로 밖으로만 나도는 며느리를 주변에서 수군거려도 아랑곳하지 않고, 아들의 여자로 여기며 애써 외면해 오더니 결국은 폭발했나 보다. 오늘은 작심한 듯 불편한 심기를 모두 드러내신다. 그리고 황천길까지 운운하며 긴 한숨을 내뱉는다.

"개똥밭에 굴러도 이생이 좋답니다요 형님! 그리고 요즘 애들은 아침밥을 잘 안 먹어요."

아들은 예외로 아침밥을 꼭 챙겨 먹고서 출근을 한단다. 그 때문에 신혼임을 배려해서 아침은 늘 당신이 준비해 왔다고 한다. 자식 사랑하는 부모의 마음이다. 그러나 조건 없고 무한하며 맹목적인 부모님의 사랑이 며느리 입장에서는 불편하고 부담스러울 수도 있다. 뭐든지 지나치면 화가 되는 법.

"일하는 사람은 밥심으로 하는 것이여."

예전에 가난하고 먹을 것이 귀하던 시절을 보낸 형님의 처지로서야, 밥이 최고의 주식이고 또 생명줄이었기에, 그 밥에 몹시도 연연하신다. 나 역시도 밥은 최고의 보약이고 또 최상의 맛으로 여긴다. 그야말로 불가 불리不可 不離의 관계라고 할까.

한술 더 떠서 며느리는 왜 이런 일을 여자만 해야 하느냐고 따져든단다. 여자들의 사회 활동이 보편화되면서 남녀평등이 당연시되고, 이제는 그 말조차도 찾아보기 힘들 정도로 세상이 바뀌었지만, 직장에서 일하고 돌아온 사람에게 평등을 앞세워 부엌일을 떠맡기는 것은 좀 지나친 처사가 아닌가 싶다.

"요즘 것들 참 맹랑해요."

내 지나온 날을 생각하니 그야말로 격세지감隔世之感이다. 그러나 이것은 갑과 을의 편 가름의 논리가 아닌 어디까지나 도리에 어긋나는 일임으로 분개하지 않을 수 없다.

요즘 것들. 예전에도 들었던 말이다. 어느 시대건 '요즘 것들'이라는 말은 늘 따라다니게 마련이다. 요즘 것들이란 예나 지금이나 잘못을 하고도 인정하지 않고, 남의 말을 잘 들으려 하지 않으며, 기본 예의를 갖추지 않은 신세대를 일컬음일 게다. 살아온 시대나 환경이 다른 세대의 눈으로 바라보면, 매사가 마뜩잖고 또 부정적이어서 서로 이해하기가 불편한 것은 사실이다. 그러나 그 모습 또한 예전 젊었을 적 나의 모습일 수도 있음에 문제로만 바라보지 말고 서로 세대가 다름을 인정해야 할 터. 예전에 내가 요즘 것들이었듯이 젊은것들을 이해하려고 애써보지만, 이렇듯 언성이 높아 있으니 나도 어쩔 수 없는 구세대임이 틀림없다.

팔십 노모의 언행심사言行心事가 혹여 아들에게 큰 해가 될까 두려워, 눈물을 감춰 가며 꾹꾹 참아내고 있는 형님의 인내가 한계에 도달한 듯해 안타깝기가 그지없다.

사람 노릇 하기가 정말 힘든 세상이다. 더구나 어른을 어른으로 보지 않으니 어른 노릇하기도 정말로 어려운 세상이다.

형님이 자리를 툭툭 털고 일어선다, 돌덩이를 매단 듯 발걸음이 무겁다. 뭐라 위로의 말을 해야 할지 적당한 말이 생각나질 않는다.

"형님! 요즘 것들 다 그래요."

(좋은수필 2015년)

오호통재라

탄핵이 가결되었다. 대통령의 '즉각퇴진'을 요구하는 국민의 함성이 오늘도 하늘을 찌른다. 광풍 노도狂風怒濤라는 말이 어울릴 법한 때다. 작은 불씨가 횃불이 되어 거대한 불바다를 이루고, 남녀노소 · 이념 · 지역을 불문하고 오로지 한 마음 한목소리로 울분을 토하고 있다.

주말이다. 모처럼 서울에서 볼일이 있어 지하철을 탔다. 여느 때와는 달리 많은 사람으로 북적인다. 무슨 일일까 싶었는데 분위기를 보니, 광화문 집회에 참석키 위해 상경한 사람들 때문이란 것을 금세 알수 있었다. 1시간 이상을 서서 갈 생각을 하니 막막해진다. 나이 탓인지 대중교통을 이용하려면 먼저 자리부터 살피게 된다. 몇 년 전만 해도 경로석은 감히 넘겨다보지도 않았건만, 지금은 그 자리에 앉는 것도 서슴지 않는다. 이런 나를 보고 친구는 "아직은 경로석에 앉을 군

번은 아니지" 하면서 핀잔을 주지만 개의치 않는다. 어디서 이런 배짱이 생겨 난 것인지…….

대충 자리를 잡고 서 있는데, 바로 앞에서 할아버지 두 분이 시국을 논하고 있었다.

"참 딱한 노릇이야. 지금도 정치적 술수를 부리며 버티고 있으니……."

"대체 어디가 끝인지."

제사보다는 잿밥에 관심을 두고 있는 일부 정치인들의 이름까지 거론하면서, 매우 진지하게 나라를 걱정하며 깊은 한숨까지 내쉰다.

"그러게 투표를 잘해야 한단 말이지."

그분들은 일제 강점기도 6·25전쟁도 또, 4·19혁명과 유신독재·광주민주화운동 등을 다 겪었을 세대다. 그분들의 걱정이 무엇을 말하는지 엿듣는 내게도 쉽게 전해져 왔다. 어떻게 지켜온 민주주의인가. 그 뜨거운 정의감을 어찌 잊을 수 있단 말인가.

그런데 그때 많은 사람 속에서 외치는 소리가 있었다.

"수고하고 무거운 짐 진 자들아 다 내게로 오라. 내가 너를 쉬게 하리라."

복음을 전하는 사람이었다. 나도 신앙을 가진 사람 중의 한 사람이다. 하지만 공공장소에서 저렇게 큰소리로 복음을 전하는 행동은 신앙인으로서도 썩 보기 좋은 모습이 아니라 몹시 언짢다. 다행히도 외치는 소리는 금세 다음 칸으로 사라졌다. 그런데 늘 들어왔던 그 성경 구절이 새삼 귀에 박히고, 불통의 짐을 짊어진 대통령의 모습이 수없이 겹쳐져 보인다.

내려놓을 수 있을 때 쉬이 내려놓았다면, 대통령도 자괴감으로 괴로워하지는 않았을 텐데, 이제는 그것이 큰 짐 덩어리가 돼버려 움쩍달싹도 못 함이 그저 안타까울 뿐이다.

밖을 내다보니 칼바람이 분다. 그러나 이 차가운 바람도 아랑곳없이 의기투합하여 광화문을 향하여 가고 있는 옆 사람들을 보니 괜스레 콧날이 시큰해 온다.

'차별 없는 나라로' 청년의 가방 속에서 꼿꼿하게 머리를 내밀고 있는, 핏빛으로 쓴 흰 깃발이 오늘의 출정식을 숨죽여 기다리고 있다. 국민의 분노와 의지다.

서울로 올라올수록 지하철은 더 만원이다. 종각역에서 내렸다. 지하도를 오르고 내리는데도 사람들로 북적인다. 지하도를 오르는데 혼자서 운반용 대차를 끌며, 매우 힘들게 계단을 오르는 40대로 보이는 남자가 눈에 들어왔다. 잠시 주춤하였다. '저것을 도와주어야 하나 말아야 하나.' 사람들은 못 볼 것을 본 듯 그를 피해서 제 갈 길 가기에 바쁘다.

"아저씨! 제가 도와드릴까요?"

아저씨도 나처럼 주춤하는 듯싶었다. 도와 달라는 것인지 거절하는 것인지 파악할 겨를도 없이 대차 한 모서리를 잡고 간신히 계단 중간까지 힘겹게 들어다 놓았다. 둘이서도 이렇게 힘이 드는데, 어떻게 거기까지 혼자 올라왔는지 말문이 막혔다. 더구나 함께 짐을 옮기면서 언뜻 보니 몸이 약간 불편해 보이기까지 했다. 잠시 숨을 돌리고 다시 짐을 들어 올리려고 하니 그는 극구 사양한다. 같이 들자고 여러 번 얘기하여도 막무가내다. 머쓱해진 난 그냥 돌아설 수밖에. 왜 그랬을까? 이해할 수가 없었다. 그의 얼굴에선 웃음기라곤 찾아볼 수가 없었다. 무거운 짐을 나누어 드리고 싶었을 뿐인데 나의 어떤 행동이 그를 그토록 불편하게 했던 것인지, 잠시 머뭇거린 것을 들킨듯 하여 미안하기까지 하다. 그 역시도 무거운 짐을 홀로 지고 가기를 원하고 있는 것인가. 정말 알 수가 없다. 또 다른 불통이다.

역 대기실의 대형 TV가 바쁜 걸음을 멈추게 하였다. 광화문 집회 현장에서 '국민이 주인이다'라고 쓴 빨간 깃발을 흔들고 있는 꼬마의 모습이 클로즈업되어 화면을 채우고 있다. 부끄럽다. 정말 부끄럽다. 바람이 불면 촛불은 꺼진다고 했거늘, 그러나 그것을 비웃기라도 하듯이 촛불은 첫눈도 녹이고, 비도 바람도 피하며 날마다 저렇게 맹렬히 타오르고 있지 않은가.

생각해보니 왜 내가 부끄러운지 모를 일이다. 정작 부끄러워해야 할 사람들은 따로 있는데. 민심이 천심임을 알아야 할 그들은 꿈쩍 않고 있으니, 이를 어쩌란 말인가. 오호통재라!

머지않아 병신년이 가고 붉은 닭의 해, 정유년이 밝아 올 것이다. 닭의 울음이 새벽을 알리듯, 새해에는 우리의 외침이 헛되지 않기를 두 손 모아 빌어본다.

(좋은수필 2017년)

아름다운 청년

중국 장가계를 다녀왔다. 중국은 여러 차례 갔다 왔지만, 먼저 이곳을 다녀온 남편이 극구 추천하던 차에 기회가 닿아 다녀온 것이다. 중국 사람들조차도 "태어나서 장가계를 보지 않았다면, 100세가 되었다 한들 어찌 늙었다 할 수가 있겠는가?" 라고 할 정도라 한다.

침식과 풍화 작용으로 생겨났다는, 무수한 석봉 숲이 어우러져 연출하는 기기묘묘하고 웅장한 경관 앞에 넋을 잃을 지경이었다.

5·60대의 아낙네들로 이루어진 패키지여행이었다. 5박 6일 동안 참으로 많은 것을 눈에 담으며 피곤한 줄도 모르게 즐겁고 행복했다. 여기에는 현지에서 만난 가이드도 한몫 했다. 직업상의 안내원으로만 치부하기에는 천성이 너무나도 착하고 예의 바른 사람이었다.

옷깃만 스쳐도 인연이라 했거늘, 이 먼 타국 땅에서 이토록 아름다운 청년을 만나다니 큰 행운이었다. 중국 국적을 가지고 있는 조선족이라고 하였다. 국적이 중국이면서도 말투와 언어가 한국인과 다름없고, 한국의 실정에 대해서 모르는 것이 없을 정도였다. 무엇보다도 유머 감각이 뛰어나 첫 대면부터 우리의 마음을 사로잡았다.

"중국은 3대 명문대인 빵빵대 · 들이대 · 돌려대를 나와야만 비로소 운전기사자격이 주어집니다."

말 그대로 무질서, 무개념이 통하는 나라다.

나이를 물었다. 우리 아들과 같은 나이로 부모님 역시도 우리와 같은 연배라고 한다. 그래서일까. 어른들을 대하는 모습이 너무도 순수하고 다정하다. 내 부모를 대하듯이.

여행의 최고의 매력은 시야를 넓히고 다양한 생각들을 경험하는 것이 아니던가. 그는 차창 밖 풍경뿐만 아니라 중국 문화와 역사에 대해서, 그가 알고 있는 지식과 상식을 다 알려주려고 무진장 애를 썼다. 그 진정성에 우리는 감탄하지 않을 수 없었다.

중국이 대국임은 익히 보고 들어서 알고는 있지만, 자국인조차도 명소뿐만 아니라 자국에 대해서 다 알지도, 보지도 못할 정도라는 그의 말이 피부에 와 닿는다. 땅이 크다 보니 볼거리도 그만큼 많을 것이고 우리가 알고 있는 인구만도 얼마나 많은가. 어른들이 '때국놈'이라 말했던 이유를 이제야 알 것 같다. 대국大國을 이렇게 표현했을 터. 장소를 옮길 때마다 짧은 거리라도 보통 대여섯 시간을 움직여야 하니 얼마나 큰

땅인가.

지금은 사드 배치를 트집 잡아 한국 연예인들의 입국을 통제하고 또 통상 보복을 자행하는 등, 매우 치졸한 반응을 보이고 있어 한국인의 빈축을 사고 있지만, 우리가 항상 예의 주시해야 할 나라임엔 틀림이 없다. 그도 중국은 금융 강대국으로 성장하는 아주 무서운 나라라면서, 투철한 역사관과 한국에 대한 자긍심을 내비치기도 했다. 중국 국적을 갖고는 있지만, 그의 피가 한국인임을 말해주고 있는 듯해 순간 동포애로 가슴이 뭉클했다.

숙소에 와서도 어찌나 세심히 챙겨 주는지 아들 삼자 하는 이가 있을 정도였다. 날씨 변화에도 잘 대처해, 그날 날씨에 따라서 지역을 잘 선택하는 바람에, 궂은 날씨임에도 불구하고 5박 6일 동안 좋은 경치를 기분 좋게 볼 수가 있었다. 우리의 복으로 만점짜리 날씨만을 취하며 여행을 하였다고 했지만, 그의 탁월한 대처능력 덕분이었음을 우리는 다 알고 있다.

뜻하지 않은 불상사도 있었다. 일행 중에 본인의 실수로 다리를 다치는 사고와, 대열에 합류하지 못한 낙오자가 생기는 사고가 났다. 그는 늦은 시간임에도 불구하고 먼 거리에 있는 한의원까지 모시고 가 치료를 받게 하고, 또 낙오자가 생겼음을 알고는, 오히려 우리를 안심시키기며 침착하게 행동을 했다. 30여 분 후에 간신히 낙오자를 찾아와 박수를 받기도 했지만, 괜한 체력 소모로 기진맥진해 있는 그를 보니 여간 미안한 것이 아니었다. 덕분에 다친 이도 다음날 거뜬히 여행코스에 합류하게 되었다. 다친 이와 거동이 불편한 어른을 뒤에서 세심히 관찰하며 걷다가도 어느 순간, 맨 앞에 있는 그를 발견하고는 신출귀몰神出鬼沒한 둔갑술을 보는 듯, 그저 놀라울 뿐이었다.

여행에 또 다른 즐거움은 뭐니 뭐니 해도 먹는 즐거움이 아니던가! 매 끼니는 아니었지만, 메뉴 선정에도 우리의 의견을 묻고 그 의견에 따라서 변경해주는 바람에 식도락에 빠져 여행의 재미가 배가 되지 않았나 싶기도 하다. 그는 언제나 이렇게 최선을 다했다.

마지막 날도 그랬다. 제 부모를 떠나보내듯이 아쉬워하며, 멀어져가는 우리가 보이지 않을 때까지, 오래도록 서서 손을 흔들고 있어 가슴이 먹먹해 왔다. 그 모습을 언제까지고 비밀처럼 고이 간직하고 싶은 건 나 혼자만의 심정이 아닐 것이다.

참으로 아름다운 청년이었다.

(좋은수필 2016년)

호박 심던 날

비닐하우스 안이 분주하다. 영하의 날씨임에도 일꾼들이 일사불란一絲不亂하게 움직인다. 태국·방글라데시·필리핀·캄보디아·라오스 등에서 온 이웃 하우스의 일꾼들로, 호박 정식을 돕기 위해서 와 준 것이다. 일종의 품앗이다. 세계인이 함께 어우러진 모습이 참 보기 좋다.

외국인 노동자가 100만이 넘는다고 한다. 불법 체류자까지 합산한다면 굉장한 숫자일 것이다. 버스에 올라타고서도 내가 외국에 온 것이 아닌가 착각할 정도로, 차 안이 온통 외국인일 때가 있다. 우리가 국제화 시대에 살고 있음이 분명하다.

시끌벅적, 나름대로 노하우와 실력을 자랑이라도 하듯이, 자국의 언어와 한국어가 뒤섞인 토론이 재미있다.

"싸바이디. 싸와디캅"

반갑게 인사하며 들어서자 토론을 멈추고 응대를 한다.

"안농하세요. 싸머님!"

국적과 피부색은 다르지만 그들의 꿈과 목적이 같아서일까, 서로가 위안이 되는 듯 표정이 매우 밝다. 대부분 어린아이들을 떼어 놓고 온 젊은 부부들이라 바라보고 있자니 마음이 짠하다. 어린것들이 얼마나 눈에 밟힐까. 자식들은 또 얼마나 부모 정이 그리울까. 날마다 반복되는 일상이 지루할 법도 하지만, 5·6년을 아니 10년을 묵묵히 이겨내고 있는 그들을 보면 존경스럽기까지 하다. 희망과 목표가 있기에 그렇게 견디어 낼 터.

우리 하우스에서 일하는 라오스 부부는 대학을 나왔다고 한다. 지식층이어서인지 저개발국인 자국에 대해 부끄럽게 여기며 한국의 부富를 사뭇 부러워한다. 그럴 때마다 남편은 우리나라도 예전에는 라오스 못지않게 어려운 시절이 있었음을 고백한다.

파독 간호사와 광부들, 또 사막의 나라 사우디에서 고생한 근로자들의 애환을 들려주며, 그들의 고생으로 인해 우리나라가 부흥할 수 있었음을 상기시키곤 한다. 그들의 외화벌이가 개인 발전도 되지만, 나라발전의 큰 원동력임을 일깨워주고, 머지않아 그네들도 부한 나라가 될 것을 역설한다. 사실 라오스는 풍부한 자연자원을 가지고 있는 나라여서 가능한 일이기도 하다.

멀칭용 비닐 위에 놓인 모종판이 순식간에 드러났다. 사람이 많다 보니 2000여 평의 밭이 금방 푸르다. 군복을 입은 어린 병정들 모습과도 같다.

정식을 하고 나서 활착을 돕기 위해 관수를 하는데, 여린 모종들이 잔뜩 긴장한다. 새로운 환경에 대한 낯설음의 표시 일터. 며칠은 몸살을 앓겠지만, 곧 적응하여 하루가 다르게 자랄 것이며, 무수한 꽃을 피워내면서 탐스런 애호박을 키워 낼 것이다.

그릴에서 고기가 노릇노릇 익고 있다. 외국인들이 제일 좋아하는 한국음식이 삼겹살이라고 했던가! 일을 마치고 나온 그들이 환호성을 지른다.

"대박!"

생소한 말이 아님에도 왠지 다른 의미로 들린다. 즐거움 중 식도락만큼 사람을 행복하게 하는 것이 또 있을까. 음식을 나눈다는 것은 큰 축복이다. 더구나 이방인들과 함께 하는 자리임에랴. 일과 음식을 함께 나누는 이 자리가 그저 감사할 뿐이다.

더불어 사는 세상이다. 올해도 그들과 조화를 이루며 '협력하여 선을 이루는 삶'을 살 수 있기를 소망해 본다.

(한국 농어민 신문 2017년)

꿈은 이루어진다

아들이 경찰학교를 졸업하는 날이다. 늦지 말라는 당부도 있고 해서 아침 일찍 길을 나섰다. 유독 외손주들을 예뻐하시는 친정부모님도 동석하였다. 1시간이면 도착할 수 있다던 충주에 있는 그 학교가 왜 그리도 먼지. 내비게이션만 믿고 출발했다가 그것이 오작동하는 바람에 총체적 난국을 맞이했다. 식전 행사까지 보려고 시간 반을 일찍 출발했건만 본행사가 시작할 즈음에서야 도착했다. 간신히 숨을 고르고 있는데 졸업생들은 벌써 운동장을 향해 씩씩하게 행진해오고 있었다. 저 늠름한 기상과 패기. 순간 가슴이 벅차오르며 울컥해 온다. 이 순간을 얼마나 기다려왔던가. 고진감래苦盡甘來, 지인사대천명盡人事待天命의 지난 시간이 주마등처럼 스쳐 간다.

노량진 고시촌. 언제부턴가 사람들은 그곳을 일러 젊음이 유배되어 질식당하는 육지의 외딴섬이라고 했다. 그곳에서 숨소리를 죽이며 자신과의 치열한 싸움을 벌이던 아들이다, 순둥이인 그가 그곳에서만큼은 독립투사獨立鬪士로 변해야만 했다. 그런 모습을 묵묵히 받아들였던 부모의 마음인들 편할 수 있었으랴. 그러나 아들은 지금 저 무리 속에 있다. 얼마나 당당한 모습인가. 저 동기들이 다 내 자식인 양 사랑스럽고 대견하다. 저들 역시도 많은 시련을 겪으며 저 자리에 섰을 것이다. 의지의 사나이들이다. 그들의 피나는 노력을 익히 알고 있기에 운동장 가득 축하객이 저리도 많으리라.

아들은 어려서부터 장래희망이 뭐냐고 물으면 늘 경찰관과 군인이라고 했다. 꼭 그래서만도 아니었지만, 학원도 성적을 올리는 곳보다는 체력을 연마하는 운동만을 고집했다. 군대도 귀신을 때려잡겠다는 굳은 의지를 갖추고 해병대에 자원입대하여 강인한 정신력과 자신감을 키워 왔다. 오늘의 저 자리가 누구보다도 아들은 더더욱 자랑스러울 것이다.

신임경찰 2,900명이 운동장 한가운데 도열해 있다. 늠름하기 그지없다. 첫발을 내딛는 그들에게 우리는 한마음으로 뜨거운 격려의 박수를 보낸다. 8개월 동안의 교육이었다. 학교에서 4개월을 이론 교육과 강한 체력을 쌓았으며, 또 4개월을 각 지역의 경찰서와 지구대에서 실무 교육 과정까지 모두 이수 한 것이다.

이 자리엔 경찰청장과 정부 각계 주요인사, 국무총리까지 오셔서 졸업식을 빛내주고 있다. 격려와 축하 메시지를 듣는 졸업생들은 뜨거운 태양 아래서 한 치의 흐트러짐이 없다.

내일부터는 정식경찰이다. '국민 행복 · 국민안전'이라는 막중한 책임을 짊어지고 그 소임을 잘하자고 자신에게 다짐하듯 많은 사람을 향해 거수로써 "충성"을 외친다. 그 소리 또한 우레와 같다. 어떻게 이 자리까지 왔는가를 늘 생각하며 초심을 잃지 않기를 빌어본다.

청년 실업자 수가 40만이 넘었다고 한다. 오죽하면 '취업빙하기'라고 할까. 젊은이들이 좌절감과 무기력에 빠져 헤어 나오질 못하고 있으니 이 노릇을 어찌해야 한단 말인가!

얼마 전, TV 오디션 프로그램인 '슈퍼스타K7'에서 촌스러움으로 무장한 어느 밴드의 노랫말을 듣고 크게 웃은 적이 있다. 재미있게 듣고 웃기는 했지만 요즘 젊은이들의 현실을 대변한 것 같아 짠한 마음이었다.

'아이를 낳고 싶다니.' 가사인즉, 먹고 살기도 힘 드는데 아이를 어떻게 낳느냐며 애인에게 현실을 직시하라 이르는 내용이다. 세상을 향한 절규였다.

이뿐만이 아니라 심각한 취업난 때문에 젊은층 절반이 결혼마저도 또 연애 · 대인관계 · 내 집 마련 등을 진즉에 포기한 상태라 한다. 삼포를 넘어 이른바 오포세대에 이른 것이다. 녹록지 않은 현실 때문으로 아프다는 말도 못한 체 청춘은 지금 심한 고열에 시달리고 있다. 청춘예찬이란 말을 감히 쓸 수가 없을 정도다. 누군가는 '아프니까 청춘이다'라고도 했다. 누가 우리 아이들을 구제해 줄 것인지 이에 대한 대책은 정말 없는 것인가?

그러나 청춘들이여! 포기는 너무 이르지 않는가. 언젠가는 희망의 날이 꼭 올 것을 믿고, 내일을 맞을 준비로 오늘을 열심히 살아봄은 어떨는지.

많은 생각이 오고 감에도 내 눈은 쉴 새 없이 아들을 찾고 있었다. 똑같은 제복을 입은지라 쉽게 눈에 들어오질 않는다. 순간 맨 앞줄 가운데에 있는 아들이 눈에 확 들어온다.

"저기 있다."

어떤 용기로 그런 큰소리가 났는지 내 목소리에 내가 놀라 주위를 살피지만, 모두 같은 마음으로 가족을 찾느라 개의치 않고 있다. 다행이다. 아들도 나를 알아본 듯 아는 체를 해온다. 내 눈에는 확연히 보이는 아들이지만 안타깝게도 친정 부모님은 손주를 쉽게 찾지 못하고 있다. 한참 술래잡기하듯 하다가 간신히 찾아내고는, 제복 입은 모습에 흠뻑 빠져 눈길조차 떼질 못하신다.

"우리 외손자가 제일이네."

아무렴 고슴도치도 제 새끼는 함함하다고 하지 않던가.

지금 아들은 사회에 첫발을 내딛는 출발점에 서 있다. 어릴 적부터 꿈꾸어 왔던 일을 하게 된 만큼 그 꿈과 포부를 원대히 펼쳐나가길 바라면서 아들에게 한마디만 꼭 남기고 싶다.

아들아! 썩은 고기를 탐하는 하이에나는 절대로 되어서는 아니 되느니라.

(농어촌여성문학 2015년)

조국이 없으면 나도 없다

'탕!탕 따다다 따다.'

총소리는 오늘도 여전하다. 전쟁을 겪지 않은 세대지만 어느 때는 전쟁이 아닌가 싶게 불안할 때도 있다. 우리 마을은 군부대를 가까이에 두고 있는 이주마을이다. 그 부대를 두고 예비군 훈련장이라 부르기도 한다. 공교롭게도 우리는 평생을 군과 함께 살아온 셈이다.

이주하기 전에는 K-55 비행장과 매우 인접해 살았다. 그곳에서도 이착륙할 때마다 내는 전투기의 소음으로 인해 정신적·신체적 피해가 상당했었다. 만성 두통·청력 손실·우울감과 같은 증세로. 전투기 소리만으로도 긴급함을 감지感知할 수 있을 정도로 주민들이 그 소리에 매우 민감했다. 그만큼 각종 전투기 소리에 익숙해 있었다. 그마저도 국책사업인 미군기지 확장으로 인해 부득이 그곳을 떠야만 했다. 그리하여 '울며 겨자 먹기'로 이곳에다 새로운 터전을 마련한 것이다. 그러나 이곳 역시도 부대가 가까이에 있다 보니 소음은 매한가지다.

"아시 팔자 나쁜 년이 팔자 고친다고 나아지나."

어른들은 팔자타령으로 불편한 심기를 드러냈다. 비행기 소음보다 덜하다고는 하지만 사격장에서 나는 총소리도 여간 시끄러운 것이 아니다.

'탕! 탕! 탕!'

이 소리를 처음 대하는 외부인들은 난리라도 난 줄로 착각해 사색이 되곤 한다.

귀에 못이 박히도록 들어온 소리지만, 오늘따라 그 소리가 사뭇 다르게 느껴짐은 며칠 전, 임진각을 다녀왔기 때문일 터.

대한민국은 지금 휴전休戰중이다. 말 그대로 전쟁을 하다가 멈춘 것이다. '평화적인 최종의 해결이 이루어질 때까지 모든 적대 행위와 군사행동이 중지된 상태.' 끝난 전쟁인 줄 알고 방심하며 무심하게 살아왔지만, 전쟁은 여전히 진행 중임을 새삼 실감하니, 기분이 참 묘하다.

교각만 남겨진 끊어진 철교를 보면서 분단의 아픔을 다시금 상기해 본다. 저 다리가 언제쯤 연결이 될까. 한민족인 남과 북이 비무장지대를 사이에 두고 대치하고 있으니 참으로 답답한 노릇이다. 소원의 벽을 만든 각양각색의 소원 리본이 답답함을 한풀이라도 하듯이 너울너울 춤을 춘다.

♬우리의 소원은 통일~ 꿈에도 소원은 통일~♪.

스피커에서 통일의 노래가 마냥 흘러나온다. 언제 적 바람이던가. 내가 어릴 적에도 이 소원을 노래했다. 벌써 반세기가 훌쩍 넘고 있다. 멈추어 버린 저 세월을 어찌할거나. 언제까지 노래만 불러야 하는가.

'철마는 달리고 싶다.' 표지석 앞에 서니 환청인 듯 기적 소리가 들린다. 조심스럽게 두 손을 모았다. DMZ 너머 저 북녘 땅으로 아니 더 나아가 중국을 넘고 또 유럽을 넘어, 세계를 향해서, 철마가 힘차게 내 달려 나갈 수 있는 날이 꼭 올 수 있기를 소원하면서 말이다.

화통 안에서 50년을 자라왔다던 뽕나무도 얼마나 통일을 염원해 왔으면, 그 긴 세월을 철마와 함께 그곳에서 뿌리를 내렸을까. 뽕나무의 고향도 이북 땅이런가!

철마 옆으로 많은 무리의 중국인 관광객들이 웃고 떠들며 지나친다. 그들은 지금 무엇을 생각하고 있을까. 인해전술人海戰術이란 단어를 떠올릴 만치 주위는 온통 중국인들뿐이다. 세상이 참 많이도 변했다. 어제의 적이 오늘의 동지라니. 세월의 흐름에 따라 민심도 변하는 법. 적대시할 수는 없는 나라지만, 중국은 우리가 늘 경계해야 하고, 또 우리가 경제적으로 앞서 나가도록 항상 노력해야 할 나라임은 틀림이 없다. 중국은 대국大國이다. 인구가 12억이라니. 실로 어마어마한 나라가 아닌가.

통일 전망대에서 바라본 이북 땅. 어디를 보아도 민둥산이고, 사람이 살지 않는 듯 적막강산 寂寞江山이다. 망원경을 보던 누군가가 반가운 듯 연기가 피어오른다고 말한다. 그래도 사람은 살고 있는가 보다. 민둥산이 된 이유는 땔감 때문이라니. 가슴이 아프다. 그 땅에도 햇볕 들 날이 언젠가 꼭 오리라 믿어 본다. 지척咫尺에 두고도 갈 수 없는 그곳. 500원짜리 동전에 의지해야만 볼 수 있음이 그저 안타까울 뿐이다. 그러니 실향민들 마음이야 오죽할까! 남북 이산가족 상봉만을 고대하고 있는데, 그마저도 오리무중五里霧中이니 새까맣게 타는 그 마음을 그 누가 알랴. 평화롭게 나는 저 새들처럼 우리도 자유롭게 남과 북을 오가면 좋으련만. 가족의 만남은 정치도 이념도 필요 없거늘, 그 무슨 장애물이 그리도 많은지. 하루 속히 상봉의 날이 재개再改되기만을 빌어본다.

이런저런 시름을 다 알고 있듯 임진강은 오늘도 말없이 흐르고 있다.

바람이 차다. 그 바람도 철책선을 넘어 북녘에서 왔을 터.

임진각을 떠나올 때 언듯 본 평화공원의 비문이 오래도록 가슴에 남는다.

'조국이 없으면 나도 없다'

'따따 따따다다.'

거세진 총소리다. 유사시를 대비해 강한 전투력을 키우고 있는 소리라 여기니, 그 불편함이 한결 누그럽다. 조용하고 평화로운 마을에 총소리만이 요란하다.

'탕!타탕! 탕!탕!탕!'

(좋은수필 2015년)

5부 밥상일기 1

갈무리

가을이 깊어가고 있다.

♬ 가을 하늘 공활한데 높고 구름 없이.♬♪

쪽빛 하늘을 올려다보며 애국가의 한 소절을 흥얼거려본다.

"오늘은 어째 이리 한가한가요?"

언제 오셨는지 교회 생활관에서 기거하시는 서울 할머니께서 마당가에 서 계셨다.

"하늘이 너무 예뻐서요. 정말 눈이 시리네요."

할머니도 청명한 가을 하늘에 감탄을 보내며 슬그머니 내 옆에 앉아 해바라기를 즐기신다.

가을볕은 보약이라는 말이 있다. 그래서 '봄볕엔 며느리를 가을볕엔 딸을 내보낸다'고 했는가 보다.

"어쩜 저리도 미끈하니 잘 생겼냐?"

할머니가 가리킨 것은 다름 아닌 여름 내내 효자 노릇을 톡톡히 하던 가지다. 아직도 보랏빛이 선명하고 윤이 나며 꼭지가 싱싱하다. 명절이 지나고는 통 둘러보지 않았더니 그새 이렇게 많이 달릴 줄이야. 하나를 따서 할머니께 권하고 나도 입에 물어본다. 날것으로 먹으면 입에 혓바늘이 돋는다고 예전 어른들은 말렸었다. 달짝지근하니 먹을 만하다.

바람이 살짝 불어와 갈무리하기에도 아주 좋은 날이다. 주섬주섬 따고 보니 작은 채반이 그들먹하다. 씨가 없는 연한 가지만을 골라 반으로 갈라 길게 썰기도 하고 또 떡국 썰 듯이 동글동글 납작하게 썰어 햇볕이 잘 드는 돌 위에 늘어놓았다. 그리고 데친 고구마순도 가져와 함께 널었다. 여름에 담가 두었던 냉장고 안의 오이지도 꺼내와 옆에 늘어놓으니 돌 위가 갑자기 알록달록 풍성해졌다. 오이는 꾸덕꾸덕하게 말려 고추장에 박고, 100일이 되면 꺼내어 짠맛을 우려낸 후에 갖은 양념을 해서 무쳐 먹는다. 오이장아찌는 우리 식구들이 즐겨 찾는 음식 중 하나다.

가을은 이렇듯 비축의 계절이기도 하다. 그러나 요즈음은 비닐하우스가 성해서 한겨울에도 호박을 비롯한 온갖 채소들을 쉽게 구할 수 있으므로, 텃밭 채소와 열매로 월동 준비하는 사람도 그리 흔치가 않다.

할머니께서 갑자기 자리를 털고 일어나신다. 올 때와는 달리 표정이 어둡다. 갈무리하는 것을 지켜보면서 문득 떠나온 집과 자식들이 그리웠던 모양이다. 쓸쓸한 할머니의 뒷모습에서 또 다른 가을을 본다. 그러나 오늘 가을 하늘은 정말 푸르고 아름답다.

한국 농어민 신문
-밥상일기-

곤달걀을 아시나요?

기세등등하던 더위가 입추가 지나고 나니 한결 부드러워졌다.

비닐하우스 안에서 토마토를 따고 있는 태국 친구들이 더위에 지칠까 봐 여름내 노심초사했다. 덥다고 해서 일을 미룰 수 있는 상황도 아니고, 일꾼 두 명을 더 써가며 '빨리빨리'보다는 '쉬엄쉬엄'을 또 '천천히'를 강조하면서 지금도 더위와 싸우고 있다.

"싸모님! 이거 먹어요."

토마토 작업을 끝내고 Box 정리를 하고 있는데 태국 친구 꼬웨이가 달걀 한판을 내민다. 한국에 온 지가 얼마 되지 않았기에 아직은 우리말이 서툴고 의사 전달이 늦는 편이지만 서로가 마음으로 소통하고 있다.

양계장에서 일하는 친구가 가져 왔다면서, 그들은 몸짓 손짓 그릇까지 동원해가며 우리에게 그 달걀에 대해 이해시키려 애를 썼다. 남편은 그들의 말을 알아챘다.

"곤달걀?"

이해하는 사장이 반가웠던지 그들은 손뼉을 치며 좋아한다. 유정란에서 부화해서 나온 것이 병아리이고, 병아리가 되다가 부화하지 못한 달걀을 곤달걀이라 한다며 남편은 나에게 자세히 알려 주었다. 먹어본 기억은 없지만 어릴 때는 어른들이 술안주로 먹는 것을 종종 보았다고 한다. 그러나 난 그것이 생소하기만 했다.

"태국사람 많이많이 좋아해요."

고단백 영양식품으로 제일이라고 엄지손가락을 세워가며 자랑을 한다. 대나무로 된 자기네 나라의 찜통에서 쪄낸 달걀을 꺼내와 먹기를 권한다. 냄새가 비릿하다. 껍질을 까낸 것들을 보니 노른자와 흰자위의 구별이 없는 것이 대부분이고 개중에는 실핏줄이 엉켜 있는 것도 있었다. 더욱 놀라운 것은 털도 보인다. 체질적으로 비위가 약한 내가 먹기에는 좀 힘들 것 같아 손에 들고 있던 계란판 마저도 슬그머니 바닥으로 내려놓았다. 모처럼 베푼 그들의 선심을 외면한 것만 같아 미안하기 그지없다. 배부른 소리로 들릴지 모르지만 아무리 몸에 좋은 음식이라 할지라도 먹는 자체가 즐겁지 않으면 쉽게 손이 가지 않는다.

음식도 하나의 문화다. 사람마다 또 나라마다 비위와 취향이 다름에 그네들의 식문화를 이해하고 수용하려 노력하지만 가끔은 이렇게 불편할 때가 있다.

심한 더위로 인해 체력과 면역력이 떨어지기 쉬운 때이다. 달걀이 그네들에게 더 없는 보양식이 되어 남은 더위마저도 거뜬히 이겨 낼 수 있기를 바라본다.

한국 농어민 신문

–밥상일기–

(2012년)

도자기

취미로 붓글씨를 써 온 지가 여러 해다. 일취월장日就月將을 해야 하는데 언제나 제자리걸음인 것만 같아 조바심이 난다. 일주일에 한 번씩 아홉 명이 모여 일필휘지의 경지를 향해 나아가고 있지만, 농사일 때문에 참석하는 날보다 빠지는 날이 더 많은 나는 그들을 따라가기가 늘 버겁다.

모내기를 끝내고 오랜만에 서실에 나가보니 낯선 분이 나를 반긴다. 신입 회원이라고 했다. 빈자리가 많아서 새 식구가 오기를 늘 고대 했었는데 모처럼 반가운 소식이었다. 그분은 서실에 오기 전에 도예 공방도 다녔고 작품 전시회 경력도 있다면서 예쁘게 포장된 도자기를 우리 모두에게 하나씩 안겨 주었다. 이게 웬 횡재인가! 우리는 붓을 놓은 채 그릇에 정신을 다 뺏겼다. 일곱 개의 그릇이 모양과 크기 색감까지 다 다르며 각개의 개성이 강하게 묻어났다.

"내 것이 제일 예쁘다."

제 것이 최고인 양 서로가 자랑을 앞세우며 마음을 담아 온 선물에 매우 행복해했다. 이 그릇에다 차를 마시면 훌륭한 다기가 될 것이고, 밥을 담으면 더 먹음직스러워 보이는 식기가 될 수 있다는 도공의 말에, 맛있게 차를 마시고 밥 먹는 시늉을 하며, 한바탕 웃음으로 고마움을 전한다.

식사는 단순히 먹는 일이 아니라 중요한 의식과도 같다고 하였다. 먹기까지의 그 모든 과정이 다 조화를 잘 이루어야 하는, 하나의 문화임을 말한 것일 게다. 그중에 제일 중요한 것이 아마도 그릇이 차지하는 부분이 아닐는지. 그릇은 음식의 옷이라는 말도 있다. 지혜로운 우리 조상들은 계절에 따라 그릇을 달리 사용하였다고 한다. 여름에는 시원한 백자를 겨울에는 따뜻한 유기를 사용하면서 나름대로 품위를 지켜 온 듯싶다.

그런데 지금 우리네 식탁은 어떠한가. 유리와 플라스틱이 편리함과 내구성을 앞세우며 식탁을 점령한 지 꽤 오래되었다. 보기 좋은 떡이 먹기도 좋다는 말이 무색하게도 그 나물에 그 밥이 되어가고 있다고나 할까. 그러나 그것들이 인체에 해가 된다고 해서 이제는 중금속 검출에 대한 걱정이 없는 도자기로 교체하는 집들이 많아지는 추세란다. 그릇 중에도 이 도자기를 능가할 만한 그릇은 아마도 없을 것이다.

도자기를 다시 살펴본다. 소박함이 볼수록 멋스럽다. 보는 것만으로도 식욕이 당기는 것이 다이어트에 큰 차질이 오지 않을까 은근히 걱정스럽다.

다시금 심기일전心機一轉하여 붓을 들어본다. 대기만성大器晩成이라고 했다.

한국 농어민 신문

-밥상일기-

비 탓이로다

비가 그쳤다. 사람들의 발걸음이 분주하다.

"이걸 17,000원씩이나 주고 샀어."

아주 형편없는 배추 모판을 흔들어 보이며 해광네 아저씨가 울상이다.

처서 이후에 기상 조건은 최악이었다. 잦은 비로 인해 모종한 배추는 거의 녹아 버렸고, 그나마 제자리를 잡은 것조차도 흙 범벅이 되어 바라보기 안쓰럽다.

"배추 모 남는가? 남으면 좀 줘"

키 재기라도 하듯 앞다투어 올라오고 있는 우리 집 배추 모를 들여다보며 너도나도 눈독을 들인다. 잘못하다가는 인심까지 잃게 생겼다. 게으름도 한몫이라고 비를 핑계 삼아 차일피일 미루며 파종한 것이 이렇게 효자 노릇을 할 줄이야. 파릇파릇한 모습이 참으로 대견스럽다.

한낮의 열기는 여전히 뜨겁다. 그야말로 불볕더위다. 비 때문에 엄두를 내지 못했던 김장밭을 이제야 갈고 있다. 안 그래도 물이 빠지지 않는 밭인데 논인지 밭인지 모를 정도로 질퍽인다. 골을 타는데 믿었던 기계마저 말을 듣지 않으니 남편은 기진맥진해 있다. 누가 이 몰골을 보고도 낭만적인 전원생활이라고 할는지. 한낮에는 열사병이 위험해 작업을 피해야 함을 익히 알면서도 급한 마음에 서둘렀는데, 아무리 급해도 땅이 마른 후에나 밭을 골라야 할 듯싶다. 잠시 숨을 고르기 위해 농협을 찾아갔다. 배추 3포기 한 묶음에 15,000원이란다. 사람들은 배추 한 묶음에도 고민하면서 선뜻 사지를 못하고 있다. 나 역시도 마찬가지다. 이런 나에게 직원이 매장 한쪽에서 5kg의 배추김치를 50개 한정판매를 하고 있다고 귀띔해 준다. 고랭지배추에 좋은 고춧가루만을 사용해서 후회하지 않을 거라며 자신 있게 권장하는 바람에 선뜻 한 상자를 사 들었다.

"김치를 다 샀어? 그래 그게 나을 수도 있어. 배춧 값이 어찌나 비싼지……."

찬희 할머니 말씀에 갑자기 얼굴이 불에 덴 듯 화끈거린다.

'이건 내 탓이 아니야. 순전히 비 탓이라구'

민망함에 서둘러 도망치듯이 농협을 빠져나왔다. 될성부른 나무는 떡잎부터 알아본다고 김장철에는 우리 배추가 더한 효자가 되기를 기대해 본다.

한국 농어민신문 – 밥상일기 (2010년)

식복이 최고인겨

다문화가정을 이루고 사는 민정씨가 아이의 돌을 맞아 우리 부부를 초대해 주었다. 그의 말에 의하면 우리가 그의 첫 정이었다고 했다. 처음 그를 본 것은 7년 전 이맘때쯤에 우리 집 논둑에서였다. 그날은 신랑을 따라서 모쟁이를 하러 나왔었다. 나이 먹은 신랑은 일보다도 어린 각시를 자랑도 하고 또 세상 구경도 시켜줄 겸 해서 들판으로 데리고 나온 듯싶었다. 이앙기를 모는 새신랑의 어깨가 여느 해 보다도 힘이 들어가 있었고, 신기한 듯 바라보는 각시의 두 눈이 빛났던 그날이 어제인 듯 새롭다. 모내기가 끝나는 날까지 논에서 매일 마주하면서 우리는 눈짓과 손짓으로만 의사 전달이 가능했었다. 그때 이후로 지금까지도 우리 부부와는 남다른 정을 주고받고 있다. 그는 지금 아주 몰라보게 변했다. 한국식 이름도 가졌고 또 열심히 글을 배워서 휴대폰으로 문자를 주고

받고, 듣기와 말하기도 아주 잘하고 있다. 이제는 진한 농담도 되받아칠 정도다. 그리고 시어머니께도 얼마나 살갑게 대하는지 내가 부끄러울 정도다. 그를 바라보는 것만으로도 진한 행복이 전해진다.

식장에 도착하니 한복 차림의 앙증맞은 아이가 오늘의 주인공이 자기란 것을 알고나 있듯이 방실방실 웃으며 손을 들어 반긴다. 또 음악이 나올라치면 몸을 흔들며 초대한 손님들에게 큰 웃음을 선사하기도 했다. 요즘 아이들은 정말 영악하기가 그지없다.

사회자의 재치와 익살로 식이 진행되었다. 경품 추첨도 있었지만 별 기대는 하지 않는다. 살아오면서 요행하고는 거리가 먼 나이기에. 주위를 둘러보니 동남아권 피부색을 가진 친구들이 눈에 많이 띈다. 옆자리에서도 아기와 함께 온 외국인 엄마가 친구를 반기며 그네들의 말로 긴 인사를 나누고 있다. 자국의 말을 듣고 싶어서 그들은 늘 이렇게 함께하는가 보다. 드디어 오늘의 하이라이트인 돌잡이 시간이다. 쌀, 타래실, 붓, 활, 엽전, 오방색 한지 등이 놓인 상이 아이 앞으로 대령 되었다. '인생은 선택의 연속'이라고 했던가! 아이가 한참 동안 고민을 한다. 맨 처음으로 닥친 선택의 기로다. 많은 고심 끝에 아이는 슬그머니 쌀을 움켜쥐었다. 손님들이 큰 박수를 보내며 환호하자 신이 난 아이가 기쁨의 박수로 응대한다. 사회자가 쌀은 식복과 재물복을 의미함을 알려주고 민정씨한테는 더 쉽게 이해를 시키기 위하여 자세한 설명을 덧붙였다. 말의 뜻을 금방 이해한 그가 매우 행복해하면서, 엄지

손가락을 추어올리며 큰소리로 외친다.
"뭐니 뭐니 해도 식복이 최고인 겨!"

한국 농어민 신문
-밥상일기-

장날

겨우내 몸이 많이 불어났다. 불편한 것이 여간 아니다. 일주일에 두세 번만이라도 가까운 곳에 있는, 부락산을 올라보자고 모처럼 남편과 입을 모았다. 산은 혼자 가는 것보다 여럿이 가는 것이 더 좋음을 안 나는, 가는 길에 이웃에 사는 영철네 형님 내외 분과 호진네 아줌마도 불러내어 동행했다.

산은 초입에서만 조금 가파를 뿐 대체로 완만한 능선으로 운동량이 적은 사람들이 오르기에 적합한 곳이기도 하다. 왕복 한 시간이 조금 넘는 코스지만 불어난 몸피 때문인지 걷는 내내 온몸이 땀범벅이다. 많이 걸으면 뇌 나이가 젊어진다고 한다. 그래서인지 왕복 한 시간 코스의 돌아오는 길은 발걸음도 가볍고 기분이 한결 상큼함을 느낀다.

오는 길에 시장을 들렀다. 가는 날이 장날이라고 오늘이 오일장이 서는 장날이란다. 채소 가게를 지나치다가 배추 한 통에 8,000원이라는 소리를 듣고 깜짝 놀랐다. 겨우 내내 내린 눈과 냉해로 인해 겨울 배추 출하량이 줄면서 배추 값이 또다시 금값으로 치솟았다고 한다. 그러나 상추값은 구제역 발생 이후 육류 소비가 줄어서인지 굉장히 싸다. 2,000원어치를 샀는데 비닐봉지가 터지도록 꽉꽉 눌러서 한 보따리를 준다.

어머니 생전에 자주 들렀던 '용인상회'를 막 지나치는데 여사장이 큰소리로 어머니의 안부를 물어온다.

"할머니가 통 보이지 않는데 거동을 못 하시는가? 아니면……."

돌아가셨음을 알리자 눈시울을 붉히고 안타까워하시면서 내 손을 꼭 잡아 준다.

이곳저곳을 기웃거리다가 해산물 가게로 왔다. 주인은 동태를 손질하면서, 손님들이 묻는 말에 대답하랴 흥정하랴 정말 눈과 손이 모자라 인사 할 겨를도 없다. 매생이와 굴을 샀다. 향긋한 바다 내음이 나는 매생이국이 먹고 싶어서다. 그리고 꼬막과 피조개도 샀다. 꼬막과 피조개 · 굴은 남편이 즐겨 찾는 해물이다. 모든 해물이 싱싱하다. 사는 양보다도 한 움큼씩 덤으로 얹어서 주는 양이 더 많은 듯 해 우리는 이 집을 단골로 자주 찾아오고 있는데, 오늘은 생각지도 않다가 만난 장날이었다. 손에 들린 꾸러미들이 제법 묵직하다. 꼬막무침의 양념장에 쓸 홍고추와 풋고추, 쪽파까지 사고 보니 손이 모자랄 지경이다. 이만하면 오늘 저녁밥상도 왕후 밥상이 부럽지 않을 듯싶다. 그러나 몸피가 또 늘어남은 우짤거나!

한국농어민신문 –밥상일기– (2012년)

차 한 잔 하시겠습니까

하늘 높이 날아오르던 참새가 어느 틈에 소나무 사이로 숨어 버렸다. 모이를 주려고 조심조심 창문을 여는데 인기척에 놀라 벌써 저만치 날아가 버리고 만다. 그냥 바라만 볼 것을…….

밖의 날씨는 영하권을 맴돌고 있다. 그러나 커다란 창을 통하여 들어오는 거실의 햇살은 마냥 따사롭고 푸근하다.

어제 읽다가 덮어 두었던 '태백산맥'의 마지막 권을 읽으려고 책을 펼쳤다. 이레 동안 곡식 한 톨을 구경 못 한 체 눈덩이만으로 버티는 손승호와 빨치산 대원들의 토벌군과 벌이는 마지막 투쟁이 눈물겹다. 굶고 사흘째 되는 날이 최고의 고비라고 한다. 굶주림의 고통 속에서도 빨치산 본연의 임무를 다하는 그 초인적인 힘은 과연 어디서 오는 것일까! 불가사의한 그 힘이 정말 경이롭다.

밤새 속이 거북하였다. 저녁으로 늦게 국수를 먹은 탓인가 보다. 밥이 보약이라고는 하지만 때로는 오히려 굶는 게 더 보약이 될 수도 있을 것 같아 모처럼 아침을 거르는 중이다. 눈덩이를 입에 욱여넣으며 허기를 참는 안타까운 대목을 읽어 내리면서 그새 덩달아 시장기를 느끼고 있으니 난 참 구제불능인가보다. 겨우내 물 대신으로 마시고 있는 가시오가피 물이라도 마시려고 몸을 움직이고 있는데 때마침 이웃집 할머니 세 분이 마실을 오셨다. 커피를 좋아하시는 분들이라 여느 때처럼 묻지도 않고 커피를 타려고 하니 밤에 잠이 오지 않아서 마시지 않겠다며 아무것도 대접하지 말고 그냥 자리에 앉으라고 성화시다. 그러나 지금 안 드시면 평생 후회할 만치 아주 귀하고 귀한 차를 선보인다고 허풍을 놓으니 그제야 가만히 계셨다.

"좋은 것 먹고 죽은 귀신은 때깔도 곱다고 하는데 몸에 이로운 것이라니까 맛 좀 봅시다."

건강하면 더 건강해지고 싶은 게 모든 사람의 욕심이다. 끓여놓은 가시오가피 물을 따뜻하게 데워서 곶감과 함께 드리니 아주 좋아하신다.

"마당가에 심어 놓은 저것이 가시오가피나무인데 아주 쓸모가 있어요. 가시오가피가 인삼보다도 더 좋다고 하네요. 요통과 손발 저림에 좋고, 특히 할머님들처럼 신경통과 관절염이 있으신 분들에게는 아주 좋다고 하니까 날마다 오셔서 드세요."

물맛은 별맛이다. 그러나 물 한 잔으로 서로가 기쁠 수 있다면 이 시간이 가장 행복한 순간 아닐까. 하지만 난 아직도 배가 고프다.

한국 농어민 신문
-밥상일기-

첫 수확

수확의 계절 가을이다. 오늘은 유난히도 하늘이 높고 푸르다.

이슬이 걷히기를 기다려 한나절이 돼서야 콤바인이 움직이기 시작했다. 조수인 나도 간단한 참과 콤바인 자루를 준비해서 화물차를 몰고 뒤따른다. 이곳 이주 단지로 이사를 하고 보니, 농사짓는 일이 예전 같지가 않다. 경작지가 행정 구역에서 멀리 벗어나 있고 농기계마저도 차도로 움직여야만 하므로 불편한 것이 한두 가지가 아니다.

눈에서 멀어지면 마음에서도 멀어지는 법. 더구나 농작물은 주인의 발소리를 듣고 자란다고 했거늘, 그 넓은 들녘은 그야말로 시위 현장을 보는 듯하다. 논마다 슈퍼 잡초들이 꼿꼿하게 올라와 게으른 우리를 향해 삿대질하듯이 흔들거리고, 태풍으로 심하게 얻어맞은 벼들은 패잔병들처럼 바닥에 눕고 말았다. 남편은 쓰러진 벼들을 살살 달래고 구슬리며, 조심조심 일으켜 세우면서 콤바인을 몰고 있다. 못 이기는 체 잘 따라오다가도 물이 빠지지 않은 진흙 속에서는 벼가 서로 뒤죽박죽 뒤엉켜 기계마저도 멈추고 만다. 콤바인 뚜껑을 열고 모처럼 부부 일심동체가 되어 엉켜 있는 볏짚을 낫으로 끊고, 밀고 땅기며 한참 씨름을 한다. 그렇게 하기를 수십 차례. 정말 인내가 필요하다. 지피지기知彼知己면 백전불패百戰不敗라고 했던가. 잠시 휴전하기로 하고 참으로 가져온 막걸리와 주전부리를 펼쳐놓았다. 남편은 막걸리 애호가다. 막걸리는 미생물에 의해 자연 발효시킨 건강식품으로 성인병 예방에도 좋고, 덜 취하면서 숙취도 없다고 한다. 또 가격까지 저렴해서 언제 어디서나 부담 없이 마실 수 있는 '웰빙 술'이라며 남편은 마실 때마다 일장 연설이다. 일명 막걸리 전도사다. 연거푸 두 잔을 들이켜고 급하게 콤바인에 오른다. 탈곡 소리가 또다시 들녘으로 퍼져 나간다.

쌀은 우리 민족의 혼이자 생명이라고 하였다. 이처럼 소중한 쌀이 천덕꾸러기로 전락한 지 이미 오래되었고, 쌀값 또한 계속 곤두박질치고 있다. 벼랑 끝에 서 있는 이 쌀의 미래가 어찌 될지 심히 걱정스럽다.

저만치 가고 있는 콤바인 소리가 심상치가 않다. 아니나 다를까, 또다시 젖은 볏짚이 감겨서 기계가 멈추었다.

"벼가 쓰러지지 않도록 잘 지켰어야지 이렇게 되도록 이웃에서 형은 뭐 했어요"

남편은 논 옆의 오이 하우스에서 일하다 나온 세형 아저씨께 짓궂은 농담을 한다.

"잘 붙잡고 있었는데 잠깐 소변보고 나온 사이에 이렇게 됐네. 죽을죄를 졌소이다. 한잔 더 함세"

어쩌겠는가. 그래도 가을은 수확의 계절인 것을.

한국 농어민 신문

-밥상일기-

팔도음식 경연장

연말이다. 벌써 송년 모임으로 나라가 술렁인다. 인간관계의 과시욕 장과도 같다. 나도 이에 뒤질세라 뜻있는 모임인 '전국농어촌여성문학회'의 출판기념식에 다녀왔다. 해마다 2월에 있었던 행사가 올해는 사정 때문에 12월에 치르게 되었다. 흙과 글을 사랑하는 촌부들의 모임으로 꽤 오랫동안 이어온 끈끈한 모임이다. 그 옛날, 며느리의 외출이 늘 마뜩잖았던 시어머니마저도 이 모임 만큼은 무사통과를 해 주실 정도였다.

낯선 곳에서 그리운 이들과 함께 여유를 즐기는 일상의 탈출. TV의 인기 프로인 1박 2일의 진행자들처럼, 손가락을 펴 큰소리로 일박이일을 외치면서 대전으로 향한다.

세월은 참 빠르기도 하다. 문학 세미나와 출판기념회로 전국모임을 가진지도 벌써 23년이란 세월이 흘렀다. 오랫동안 각별한 정을 주고받다 보니 이제는 모두가 친동기간이나 다름이 없다. 반년만의 만남이다. 참 반갑다. 처음 만났을 때는 며느리 입장에서 시어머니로 인해 쌓인 불만을 언어문학이라는 핑계로 밤새워 토로했었는데, 어느새 며느리들의 눈치를 보아야 하는 구세대가 되어 있으니 격세지감隔世之感이 느껴진다. 여름 모임 때는 특별히 다문화가족을 참여시켜 소외된 그들을 보듬는 자리를 마련해서 그들이 우리의 진정한 친구이고 이웃임을 확인하는 자리가 되기도 했다.

여행에서 가장 큰 즐거움은 먹는 즐거움일 터. 우선 허기진 배부터 채워야 했다.

"와! 세상에."

순식간에 차려진 훌륭한 저녁상에 모두 놀라며 한순간 소요가 일었다. 임금님의 수라상이 이보다 더할까. 그야말로 팔도 음식 경연장이다. 어리굴젓 · 잡채 · 김부각 그리고 호박부침 과 버섯볶음, 상추 · 고기 · 떡 · 과일 등. 직접 가꾼 재료로 만든 친환경 음식들이다. 먼 길 떠나오는 그 바쁜 와중에도 손수 장만한 회원들의 정성에 감탄과 감사를 보내며 또 다른 기쁨을 만끽하는 순간이다. 경남 문우가 해온 바삭하고 고소한 김부각은 이번에도 인기 최고였다. 일 잘하는 사람이 음식도 잘하는지 음식 솜씨가 모두 수준급이다. 이 모임은 늘 우리들의 자존감을 높여주기도 한다. 해마다 이 모임으로 인해 마음의 치유를 얻는 기분이다. 때가 되면 진수성찬이 차려지고, 쾌적한 잠자리 제공까지 그야말로 귀빈 대우다.

잘 익은 포도주와 문학이 함께 어우러져 송년送年의 밤이 깊어가고 있었다. 참으로 행복한 밤이었다.

한국 농어민 신문
–밥상일기–

화해

집안 형님 두 분이 언쟁을 벌이고 있다.

"자네들은 한 생전 안 늙는가. 금방 닥쳐와 이 사람아!"

"내 나이는 뭐 어린가요. 나도 내일모레면 환갑입니다."

이해를 시키려는 젊은 형님과 도무지 이해할 수가 없다는 나이 드신 형님과의 입씨름은 쉽게 끝날 것 같지가 않다. 세상에서 제일 재미난 것이 싸움 구경이라고는 하지만, 내 집에서 불붙은 형님들의 언쟁을 남의 집 불구경하듯 할 수가 없었다.

"형님! 언젠가는 해야 할 일이어요. 그 일이 빨리 왔을 뿐이라고 생각하세요."

중재한다는 것이 결국 연세 드신 형님의 심기를 건드리고만 셈이다.

지난 연말부터 지금까지 복합적인 이유로 마을의 부녀회장을 세우지 못해 그 자리가 공석이었다. 다시 마을 회의를 열고 칠십 세를 전후로 해서 노인회와 부녀회를 분리했다. 그 과정에서 대다수 어른이 못마땅해 했지만, 과도기에는 무슨 일이든 시행착오와 분쟁도 있기 마련이므로 결정에 대해 번복을 않기로 하였다.

새마을 운동이 한창일 때 혈기가 왕성하던 그분들은 힘을 모아서 폐지와 빈 병을 모았고, 또 구판장까지 운영하면서 어렵게 부녀회 자금을 마련하며 기틀을 다져놓았는데, 이제 늙었다고 밀쳐낸다며 격분한다. 어른들의 수고를 왜 모를까보냐. 그 세대의 수고로 이 나라가 발전했고 또 마을이 풍요로워졌음을 우리도 익히 알고 있다. 그러나 서로의 역할이 다르므로 이제는 소속을 분명히 해야 할 때가 된 것 같다.

목울대를 세워가며 언쟁을 벌이던 두 분 형님의 목소리가 잦아들었다. 역지사지. 한 걸음씩 물러서서 처지를 바꿔 생각하면 이해 못 할 일도 없을 것이다. 화제는 어느새 세상 밖으로 나온 친구네 손주 이야기로 바뀌었다. 다행이다. 발갛게 상기 된 두 분의 얼굴을 보니 그제야 냉장고 안에 있는 식혜가 생각이 났다. 선견지명이었을까. 어제저녁에 찬밥을 보고 느닷없이 엿기름물을 가라앉혀서 아침에 급하게 만들어 낸 식혜다. 격렬한 언쟁으로 거북해져 있는 형님들의 속을 달래는 데는 이보다 더 시원한 것은 없을 듯싶다.

"형님! 드세요."

"자네가 먼저 마시게나."

"무슨 소리를, 형님이 먼저지요."

한국 농어민 신문 -밥상일기- (2012년)

횡재

장 구경을 나왔다. 닷새마다 서는 장날이지만 바쁜 농번기 때문인지 일찍 온 더위 탓인지 여느 장날과는 좀 다르다. 이곳저곳을 기웃거려 본다.

"여러 개를 사는데 너무 야박하다."

귀에 익은 소리가 들려 돌아보니 명희 할머니가 옷을 흥정하고 있다. 커다란 밀짚모자에 얼굴이 가려져 바짝 다가가 모자를 들고 인사를 하니 반색을 하신다. 손에 들려 있는 일명 몸빼바지가 알록달록하니 참으로 곱다. 무수히 피어난 꽃무늬 바지에 마음을 다 빼앗긴 듯 옷 고르는 손놀림이 분주하다. 일 바지는 촌 아낙들의 필수 작업복이지만, 요즈음은 패션 아이템으로 젊은이들에게도 인기가 많다고 하니, 패션은 참으로 아이러니하다. 뙤약볕 아래서 명희 할머니는 그 옷이 다 해지도록 밭일을 하면서 또 한여름을 날것이다.

난전에 펼쳐 놓은 자잘하고 앙증맞은 야생화와 각종 채소 모종들이 많은 사람의 시선을 받고 있다. 야생화가 애틋하고 더 사랑스러움은 저마다 간직하고 있는 그 슬픈 사연과 소박함 때문이리라. 고구마 모종 다섯 단과 가지 모 몇 개를 샀다.

두부 가게 앞에 많은 사람이 몰려 있다. 2,500원씩 하던 두부가 경쟁이 붙어서 1,000원씩에 팔고 있다고 지나가는 사람이 귀띔을 해준다. 그야말로 아우성이다. 나도 비집고 들어가 큰 것으로 다섯 모를 샀다. 횡재한 기분이다. 문득 지난날이 스친다. 물에 불린 콩을 맷돌에 갈아 큰 가마솥에다 끓여서, 비지와 두유를 분리하고 다시 두유만을 끓인 후, 간수를 넣고 응고된 것을 베보자기에 싸서 눌러, 두부를 만들어 내던 옛일이 까마득하다.

“간수의 양을 잘 넣어야 두부가 맛있는 거야”

친정 할머니가 만든 두부는 유난히도 맛이 있었다. 무엇보다 뭉글뭉글하게 엉긴 순두부에 양념장을 넣어 먹던 그 담백한 맛을 어찌 잊을 수 있을까. 생각할수록 군침이 돈다. 가끔은 남편이 직접 두부를 해보자고 보채기도 하지만, 번거로움 때문에 엄두를 못 내고 있다.

손에 들려져 있는 저 두부 꾸러미들은 각자의 집에서 오늘 저녁, 최고의 밥상을 만들어 낼 것이다. 소박한 행복이 보이는 듯하다.

우리 집은 술상이 우선임은 당연지사일 터. 살짝 볶은 신김치에다 막걸리 잔을 놓고, 오늘도 남편은 술꾼들을 하나둘

집으로 불러들일 것이다.

"여보게 친구! 좋은 안주가 있으니 막걸리 한잔하세."

한국 농어민 신문

-밥상일기-

봄나들이

모처럼 화창한 날이다. 어제 온 종일 비가 질금거려 걱정했는데 다행이다. 그러나 바람은 아직도 차다.

오늘은 마을의 봄나들이가 있는 날이다. 회관 앞에는 벌써 관광차 두 대가 대기하고 있다. 모처럼 화사하게 꽃단장을 하신 마을 어르신들이 밝은 모습으로 차에 오른다. 몸들은 많이 노쇠하였지만 옷차림만큼은 젊은이 못지않게 매우 세련돼있다. 예년에는 정장 차림 일색으로 나들이길에 올랐었는데 올해는 모두가 가볍고 화려한 등산복 차림으로 바뀌었다. 그런 어른들의 밝은 모습이 참 좋다.

드디어 차가 움직인다. '금강산도 식후경'이라고, 일찌감치 입을 즐겁게 할 묵직한 간식 봉지가 하나씩 전달된다. 차 안은 금세 고소한 튀김 냄새로 가득해졌다. 봉지 속을 들여다보니 가짓수가 꽤 많다. 물을 포함한 캔 음료수 종류만도 5

가지나 있고, 바나나, 참외, 우유, 사탕, 닭강정 등도 보인다. 무엇보다도 까만 콩이 듬성듬성 들어간 따끈한 시루떡이 꽤 먹음직스럽다. 새벽부터 서둘러서인지 시장기가 돈다. 주위를 둘러보니 모두가 먹기 삼매경에 빠져있다. 입이 행복하니 흥이 절로 난다. 음악에 취하고 흩날리는 꽃비에 취한 채 차는 남쪽을 향해 신나게 내달린다.

3시간 만에 군산에 도착하였다. 배를 타기 위해서 차는 비응 선착장을 향해 더 달리고 있다. 드디어 항구다. 외지에서 온 우리를 바람이 텃세를 하듯이 사정없이 마구 떠밀어 댄다. 외투를 다 벗겨 낼 태세다. 간신히 배에 올랐다. 출렁출렁 바다가 일렁인다.

"자! 1시 방향을 보십시오. 독립문처럼 생긴 바위가 보일 것입니다"

그러나 눈 한 번을 제대로 떠보지도 못한 채 우리는 성난 파도와 싸우며 토악질만 하였다. 배에서 내려오는 얼굴들이 하나같이 백지장과 같다. 다시 정신을 차리고 차에 오른다. 지옥 속을 헤메다 온 양으로 뱃멀미의 고통을 이야기하는 동안 차는 어느새 횟집 앞에 도착해 있다. 오는 순서대로 자리를 잡고 앉았다. 상 가득히 펼쳐진 회 종류를 보며 모두 입을 다물지 못한다.

주메뉴인 모둠회와 주꾸미, 산 낙지, 멍게, 소라, 새우, 초밥에 곁들임 반찬이 더 많아 눈이 먼저 호사를 누린다. 회가 쫄깃쫄깃, 오돌오돌한 것이 꽤 신선하다. 매운탕으로 시원하게 입가심을 하고 횟집을 나오는 어른들의 표정이 들어설 때와는 사뭇 다르다. 차는 또다시 새만금 방조제를 향하여 신나게 내달리고 있다.

한국 농어민 신문

-밥상일기-

밥상일기 2

고구마 캐는 심마니

"심 봤다!"

막내 시동생네가 고구마를 캐고 있다. 우리 아들들도 거드니 밭에서는 한바탕 소란이 인다. 농담 좋아하고 너스레 떨기를 즐기는 식구들인지라 어디 가나 시끌벅적 표가 난다. 때 아닌 심마니 소동에 지나가던 동네 아주머니도 그냥 지나치지 못하고 팔을 걷어붙였다. 옷에 흙이 묻을 것을 걱정하니 "산삼이 있다는데 흙이 대수냐." 하시며 고구마 줄기를 젖혀 가며 있는 힘을 다해 잡아당긴다.

"잘되는 집은 뭐가 달라도 다르다니까! 고구마밭에서 산삼 캐는 소리가 나다니."

줄기를 걷어내 파헤쳐진 땅에서는 지렁이와 애벌레가 햇빛에 눈이 부신 듯 온몸을 비틀며 항거 중이다. 흙이 살아있다는 증거다.

휴일을 택해 모처럼 내려와 준 시동생네 식구들을 보고 갑자기 계획에도 없던 고구마를 캐는 중이다. 수확의 기쁨보다는 흙 밟는 재미와 호미질로 어른과 아이들이 마냥 신이 났다. 동서네 친정이 바닷가 근처라더니 처음 보는 이상한 도구까지 등장했다. 아마도 조개 캐는 도구인 것 같다. 그러나 그 도구가 무색하게도 캐는 모양새가 영 시원치가 않다. 아니나 다를까 캐놓은 고구마들은 온통 상처뿐이다.

"천천히 아기 다루듯이 이렇게 살살 옆에서 흙을 긁어내야 해."

숙달된 아주머니 조교가 시범을 보인다. 자주색 고구마들이 포도송이처럼 엉겨 붙어 무더기로 나오자 장정들의 감탄이 함성으로 번진다.

고구마는 그리 손이 많이 가지 않는 농사다. 그러나 심어만 놓고 수확한다고 덤비니 그 조차도 민망하다. 저 혼자서 많은 열매를 맺어 수확의 기쁨까지 안겨줌이 그저 고마울 뿐이다.

시동생이 고구마 하나를 집어서 옷에다 흙을 쓱쓱 문지르고는 껍질째 한입 덥석 깨문다. '아작' 경쾌한 소리가 달착지근하게 전해진다.

"비료와 농약을 전혀 하지 않아서인지 굉장히 싱싱하네요. 고구마는 하얗게 나오는 이 진액이 최곤 거야. 이 껍질도 그렇고."

헐벗고 굶주리던 시절에는 밥을 대신하여 배고픔을 달래주던 고구마가 요즘은 다이어트를 목적으로 밥을 대신하고 있으니, 그만큼 성분과 효능이 우수한 증거라면서 조교 아주머니의 고구마 예찬은 쉽게 끝나질 않는다. 그래서일까. 고구마를 캐는 조카들은 호미에 찍힐세라 산삼을 캐듯 손놀림이 마냥 조심스럽기만 하다. 아마도 긴 하루해가 모자랄 듯싶다. 진정 그들이 진짜 심마니다.

한국 농어민 신문
-밥상일기-

나이를 먹었습니다

새해가 밝았다. 어제의 연속이지만 하루를 여는 마음이 어제와는 사뭇 다르다. 새벽바람을 가르며 걷기 운동을 하시는 아주머니들의 발걸음이 분명 가벼워 보인다. 나도 무리 속에 함께 하고픈 마음이 간절하다.

며칠 전에 하지정맥류 수술을 받았다. 정맥혈관이 늘어나 보기에도 흉할 뿐만 아니라 저린 증상이 심해져 농한기를 이용해 수술한 것이다. 수술한 부위의 통증은 그런대로 참을 만하지만, 붕대로 칭칭 동여맨 다리를 심장보다 높게 올리고 누워 있으려니 차라리 밖에 나가 일을 하는 것이 훨씬 나을 듯하다. 평소에 건강을 자랑하던 내가 꼴이 영 말이 아니다. 그러나 아픈 김에 쉬어간다고 제대로 환자 노릇을 할 참이다.

“쌀은 두 컵만 씻고 물은 솥에 있는 눈금에 4cm만 되게 부어 주면 돼요.”

남편은 싫은 내색 없이 기다렸다는 듯이 신이 나서 움직인다. 부부가 무엇인지! 새삼 고맙다. 때도 모르고 잠만 자고 있는데, 몸을 흔들어 깨우는 소리가 나 눈을 떠보니, 벌써 하루해가 다 저물고 밖에는 눈까지 내리고 있다. 어느 틈에 만들었는지 먹음직스러운 떡국 한 그릇이 김치와 함께 코앞에 대령이다.

"오늘이 명절인 거 알지? 우리도 이제는 건강을 생각할 나이야. 떡가래처럼 우리 오래오래 건강하고 무탈하게 살자고."

잠결에 받은 저녁이지만 떡이 쫄깃쫄깃하고 더구나 국물이 시원해 해산한 여인처럼 땀을 흘려가며 맛있게 먹었다. 냉동실에 넣어 두었던 떡을 꺼내고 먹다 남은 생굴로 국물을 내고, 고명은 없지만 구운 김을 부슬러 얹어 낸 남편의 눈썰미가 새삼 놀랍다. 근사한 명절 상이다. 결국, 난 얼떨결에 나이 한 살을 더 먹고 있었다. 나는 가래떡을 아주 좋아한다. 김이 모락모락 나는 가래떡에다 참기름을 살짝 발라 먹는 맛과, 꾸덕꾸덕 말린 가래떡을 불에 구워 바삭하게 먹는 그 재미는 또 얼마나 좋은가. 그래서 우리 집의 냉장고엔 가래떡이 떨어지질 않는다. 마누라의 식성을 알고 입맛을 돋게 해준 오늘의 메뉴는 어느 셰프도 부럽지 않다.

우리 조상들은 떡국 한 그릇으로 장수와 복을 빌면서 한 해를 시작하였다고 한다. 그러나 복이 뭐 별것인가. 잘 먹고 소화를 잘 시키면 저절로 건강하니 그것이 복이 아니던가. 떡국 한 그릇을 대접받고서 모든 이들의 복도 함께 빌어본다 .

새해엔 모두가 건강하고 복 많이 받기를 축원합니다.

한국 농어민 신문-밥상일기-

돼지국밥

영화를 보았다. 요즘 흥행에 성공하고 있는 '변호인'이다. 모처럼 가족이 함께 본 영화다. 관객 수가 1,000만 명에 육박하고 있다고 연일 보도하고 있으니 대단한 인기다. 하기야 우리까지도 일조하고 있으니 알만하다. 파죽지세破竹之勢가 따로 없다.

마음의 빚을 갚기 위해 날마다 점심으로 먹는 돼지국밥, 주인공이 얼마나 맛있게 먹던지 관객의 미각까지도 훔친 듯싶다. 평소엔 거들떠보지도 않았는데 그 뜨신 국밥에 부추 팍팍 넣어 한 숟가락 푹 떠먹고 싶은 마음이 간절하였다. '후루룩' 소리가 어찌나 정겹던지.

"엄니! 정구지가 뭐야? 그리고 돼지국밥은 먹을 만해요?"

고깃국물을 싫어하던 아들마저도 그 맛이 꽤 궁금한가 보다.

돼지국밥. 언젠가 친구들과 일박이일로 부산에 갔을 때 아침상에 올라왔었다. 부추 무침과 깍두기 · 양파 · 고추 · 파 · 새우젓이 함께 나왔고, 누린내는 전혀 나지 않았지만, 비계 씹는 맛이 영 불편해 뽀얀 국물만 떠먹었던 기억이 새롭다. 한 집 건너 돼지국밥집 간판으로 이 음식은 부산 · 대구 등 경상도에서는 흔하게 맛볼 수 있는 음식이라는 걸 그때 알았다.

정구지. 여기서는 부추 또는 졸이라고 부른다. 정구지라는 말이 생소하긴 해도 이 부추는 남편과 아들들이 즐겨 먹는 채소이기도 하다. 무침도 좋아하지만, 부침개를 더더욱 좋아해 봄부터 가을까지 마당가에 심어놓고 수시로 베어다 쓰곤 한다. 부추는 따뜻한 식물로 남자들에게 더없이 좋은 식재료라고 한다.

영화를 보고 나오니 밖이 어두워 있었다. 호기심이 발동한 우리 식구는 별로 좋아하지도 않을 이 음식을 찾아서 골목을 누비고 다녔다. 순댓국집은 자주 눈에 들어왔지만 왜인지 돼지국밥집은 전혀 찾을 수가 없었다. 포기할 수밖에. '꿩 대신 닭이라'고 집에 돌아와 오리 죽을 먹기로 하였다. 전날에 먹고 남은 오리 국물에 고기와 찹쌀을 넣고 죽을 끓였다. 모두 맛있게 먹는다. 돼지국밥에 대한 기대감으로 많이 출출 했는가 보다.

진한 감동 때문일까. 부자父子는 저녁상을 물리고도 한동안 영화 속에 갇혀서 '국가란 국민이다'라는 말에 동감하며 정의와 옳음, 소신에 대하여 모처럼 주고받는 대화가 진지하다.

해가 바뀌었다. 올 한 해도 이해와 용서와 사랑으로 서로를 감싸 안으며 소통의 길로 함께 나갈 수 있기를 빌어본다.

한국 농어민 신문
–밥상일기–

마늘을 캐면서

곧 장마가 온다고 한다. 마늘을 캐려고 서울서 직장에 다니고 있는 큰아들을 불러 내렸다. 마침 시누이 남편까지 와 주었다. 고모부는 부르지 않아도 농번기 때마다 매번 내려와 일손을 돕곤 한다. '마누라가 예쁘면 처가 말뚝 보고 절한다'는 옛말도 있지만, 덕분에 우리는 애처가 덕을 톡톡히 보고 있다.

다행히도 날씨가 한몫해 준다. 무덥긴 해도 햇볕이 뜨겁지 않아 일하기가 수월하다. 한동안 비가 오지 않아서인지 땅이 무척이나 굳어 있다. 그런 땅에서 땀을 흘리며 삽질하는 아들의 모양새가 영 마뜩잖아 보였는지, 지나가던 이웃 아저씨가 손수 만드셨다는 삼지창 두 개를 가지고 오셔서 자랑삼아 시범을 보이시고는 놓고 가신다. 살펴보니 정말 훌륭한 발명품이다. 아저씨의 머리가 비상하다고 하더니만 그른 말이 아닌가 보다. 딱딱한 땅을 쉽게 찍어 마늘만을 쏙쏙 뽑아내니 일이 한결 빨라졌다. 조심한다고는 하지만 가끔은 찍혀져 나오는 마늘이 있어서 내 몸 찍힌 듯 몸서리를 쳤다. 그러나 제 일을 다 하고 휴식을 취한 듯 길게 누워있는 실한 마늘을 보노라니 마음이 무척이나 뿌듯하다. 땅심을 높이기 위해 무던히도 애쓰던 남편의 수고가 헛된 작업만은 아니었는가 보다. 보는 이마다 기염을 토해내니 말이다.

"우리 손자 녀석 주먹보다도 더 큰 것 같네."

남편은 연신 싱글벙글이다. 땀 흘린 자만이 누릴 수 있는 큰 기쁨이리라. 힘은 들지만, 농부들은 이 맛에 농사를 짓지 않을까 싶다. 우리 집의 올 마늘 농사는 대풍인 셈이다. 많은 양은 아니지만 뿌린 대로 거둬들이며 그것을 친지들과 조금씩 나누는 재미로 해마다 심어 오고 있다.

마늘도 10대 건강식품 중의 하나로 다양한 효능은 이미 만병통치약의 수준이다. 역한 냄새 때문에 눈총을 받기는 하지만, 우리네 밥상 양념 중 으뜸이며 무엇보다도 지금은 세계인이 인정하는 건강식품으로 거듭나 있다는 사실이다.

한나절 밭에서 통풍을 시킨 다음 보관하기 쉽게 엮는데 생각처럼 쉽지가 않다. 엉성한 것이 금방이라도 빠져나올 것만 같다. 나누어 줄 것은 크고 잘 생긴 것으로 골라 엮고, 찍힌 놈들은 마늘장아찌를 만들어 볼 셈이다.

마늘을 엮는 아들의 얼굴이 온통 땀범벅이다. 모처럼 그가 일하며 얻은 오늘의 수확은 무엇이었을까?

감히 농자천하지대본農者天下之大本을 논할 수 있을는지!

한국 농어민 신문 -밥상일기- (2013년)

먹어야 산다.

남편의 이종사촌 매제의 부고를 받았다. 너무나도 뜻밖의 소식이라, 다시 확인하고서야 형제들에게도 알렸다.

장례식장을 찾아갔다. 이모님 내외분은 우려했던 대로 넋을 놓아버렸다. 무슨 말로 어떻게 위로를 해야 할지, 빈소를 지키고 있는 이종사촌과 어린 상주들을 차마 볼 수가 없어 남편만 분향소로 들여보냈다.

망인은 좋은 집안에다 명문대까지 나온 47세의 인재였다. 승승장구하며 대기업의 차장에 이르기까지 그야말로 남부러울 것이 하나도 없던 부부였는데, 어쩌다 이런 변을 당했을까.

" 왜 하필 우리가…"

이모님은 억장이 무너지는 듯 가슴을 쥐어뜯는다. 사랑하는 이의 죽음은 견디기 힘든 슬픔이며 말할 수 없는 고통일

터. 그는 또, 어떤 사위였는가. 그러고 보니 이모님 내외분이 몰라보게 늙어버리셨다.

망인은 평소에 간이 안 좋기는 했어도 이런 사달이 날 정도로 심각했던 것은 아니었다고 한다. 이야말로 마른하늘에 날벼락이다. 생각할수록 말문이 막혀 온다.

문상객이 온종일 줄을 잇고 있다. 대부분이 정장 차림의 말쑥한 젊은이들로 직장동료와 상사들이다. 사람의 진정한 가치는 관 뚜껑을 닫고 나서야 올바르게 평가된다는 말도 있지만, 망인의 삶이 헛되지 않았음이 여실히 드러난다. 짧은 인생이었지만 참으로 올곧게 산 모양이다.

사촌들의 안내로 식당에 들어서니 여기도 만원이다. 앉을 자리가 없어 위층 커피숍으로 자리를 옮겼다. 세상 참 많이도 변해 버렸다. 장례식장 안에 커피숍이라니. 그동안 적조했던 외사촌들이 소식을 듣고 하나둘씩 이곳으로 모여들었다. 각자의 삶에 충실하다 보니 경사慶事 보다는 이 같은 애사哀事 때라야만 볼 수 있어 왠지 씁쓸하다.

다시 식당으로 자리를 옮겼다. 간신히 이모부님도 함께하였다.

"밥심으로라도 버텨야 해요. 밥을 드셔야만 울 수도 있지요."

여럿이서 식사를 권해보지만, 아무것도 드시지를 못한다. 죽음도 하나의 과정일진대. 그것이 아무리 슬퍼도 산 자들은 먹어야 한다.

"여기 육개장 좀 더 주세요. 고기도 한 접시 더 주고요."

그러는 와중에 미국서 한걸음에 달려온 망자의 형님이 아우를 부르며 목 놓아 울고 있다

한국 농어민 신문
-밥상일기-

밥 한번 먹자

큰아들의 생일이다. 핑계 삼아 식사라도 함께할까 하여 내려오라고 했더니, 주말 근무 때문에 일요일 오후에나 시간을 낼 수 있다고 한다. 너나 할 것 없이 참으로 바쁜 세상에 살고 있다. 네 식구가 한자리에 모여 밥을 먹은 기억이 언제인지 까마득하다. 두 아들은 고등학교 때부터 집을 떠나 있었다. 기숙사 생활을 시작으로 독립하여 삼십의 나이에 이르렀으니 부모와 꽤 오랜 세월을 떨어져 지낸 셈이다. 명절 때나 특별한 행사가 아니면 한자리에 모일 기회가 극히 드물다. 이미 오래전에 내 품을 떠나 있었지만, 품 안의 자식이란 말을 점점 더 실감한다. 자식바라기 하는 부모 마음일 터이다.

나 어릴 적에는 대식구가 살았었다. 할머니 · 할아버지 · 부모님과 고모 · 삼촌, 그리고 동생들 거기다가 농사일을 거드는 사랑채 아저씨까지. 한 끼 식사에 밥상이 기본으로 세 개는 차려졌다. 어쩌다 대하는 옆집 친구네 집의 단출한 밥상이 늘 부럽기만 했었다.

'왜 밥상이 하나뿐일까? 부모님이 고아인가! 간단해서 참 좋겠다.'

친정어머님은 부엌에서 늘 분주하였고, 행주치마가 마를 날이 없었다. 그 일이 얼마나 힘겨웠을까. 그러나 정작 어머니는 그때가 사람 사는 것 같았고, 가장 행복했었노라고 종종 그때를 그리워하신다. 사람의 정이 그리워서일 게다.

가족이란 함께 밥을 먹는 사람으로 식구라고도 한다. 산업사회로 넘어가면서 가족이 해체되어 집집이 둘이 아니면 혼자 대하는 밥상이 많아진 세상이다. 나 역시도 혼자서 식사를 할 때가 참 많다. 그렇게나 부러웠던 단출한 밥상이 이제는 적적하게만 여겨지니, 나도 어머니처럼 사람을 그리워하며 늙고 있나 보다.

밥상에 앉으면 늘 되풀이되던 까마득한 날 할아버지의 잔소리마저도 그립다.

"어른이 수저 들기 전에 아이들이 먼저 수저를 들어서는 안 된다."

"밥알은 부모의 땀이다."

"천천히 골고루 먹어라."

그것이 가정교육의 시초라 할 수 있는 할아버지 나름의 요즘 말하는 밥상머리 교육이 아니었나 싶다. 귀에 못이 막히도록 들어왔던 그 말씀이 올바른 교육이 되어 가족 간의 유대감을 갖게 하였고, 알게 모르게 꼬맹이들의 인성과 정서에 지대한 영향을 주었으리라 짐작된다.

주인공 없는 생일상이지만 생일의 의미보다는 첫아이를 낳느라 고생한 나를 위해서라도 풍성한 밥상을 준비해야겠다.

온 식구가 밥 한 번 먹기 정말 힘들다.

한국 농어민 신문
-밥상일기-
(2013년)

사랑 보따리

들녘이 부산해졌다. 트랙터 소리와 경운기 소리가 요란하고 제철을 만난 이앙기가 숨을 헐떡이며 들녘을 푸르게 물들여 나가고 있다. 황사 바람에 힘없는 어린 모들이 물결처럼 출렁인다. 풍파風波에 흔들리면서 저것들도 세상이 그리 녹록지 않음을 차츰 알아 가리라.

마누라보다도 더 소중히 여기는 휴대폰을 잊고 나왔다는 남편의 연락을 받고 들로 나왔다.

남편은 논갈이에 열중이다. 휴대폰을 가져왔다고 아무리 소리를 질러대도 트랙터 소리에 듣지를 못한다. 트랙터 뒤를 왜가리 떼들이 어미닭을 따르는 병아리들처럼 무리 지어 따라다니고 있다. 그렇게 따라가며 먹이를 쪼고 있는 모습이 한 폭의 그림 같다.

"당신 인기 짱이네."

엄지손가락을 세워 치켜 올려 보이자 손가락의 의미를 잘못 이해했는지 흙 범벅인 남편의 얼굴에 환한 미소가 가득해진다. 아무려면 어쩌랴!

"아무래도 유압이 고장 난 것 같아."

트랙터에서 나온 남편은 심각한 얼굴이다. 그리고는 담배를 찾는다. 7개월 정도 끊었던 담배를 농사철이 되면서 다시 피우고 있는 중이다. 일일이 열거하기도 힘든 백해무익의 저 담배를 왜 그리도 끊지를 못하는 것인지. 그만큼 농사가 힘들기 때문이라고 억지 위로를 해본다. 그새를 못 참고 왜가리들이 어서 빨리 일을 하라고 아우성치듯 날갯짓이 예사롭지가 않다. 남편은 서둘러 트랙터에 오른다. 오늘따라 황사 바람이 더 기승을 부린다.

집에 오자마자 참이라고 하기엔 좀 이르지만, 냉동실에 넣어 두었던 찰밥을 해동 하고 간단하게 주먹밥을 만들어 콩가루에 데굴데굴 굴려서 콩고물을 묻혔다. 내 어릴 적 할머니가 가끔 해주시던 그것이 생각나 즉흥적으로 해 본 것이다. 그런대로 쫀득쫀득하며 약간 달큰한 것이 맛도 괜찮다. 간편하게 먹을 수 있고, 먹으면 든든할 것 같다. 오전에 버무려 놓은 열무김치도 참기름과 깨소금을 더 넣어 조물조물 무쳐서 찬합에 담았다. 빨간색의 예쁜 보자기에 찬합을 싸서 의기양양하게 집을 나선다.

그사이에 남편은 다른 논으로 옮겨와 있었다. 신기하게도 왜가리 떼도 모두 따라와 트랙터가 움직이는 대로 일심동체가 되어 열심히 먹이 사냥을 하고 있다. 사람이나 짐승이나 먹고사는 일이 이렇게 고단한 것임을.

빨간 보자기의 내용물이 궁금한지 트랙터에서 남편이 소리쳐 묻는다.

"그게 뭐여?"

"사랑 보따리."

한국 농어민 신문
-밥상일기-

새해 소망

새해가 시작되었다. 서울서 직장 생활하는 큰아이와 취업 준비 중인 작은아이가 연휴를 맞아 함께 내려왔다. 모처럼 네 식구가 한자리에 모였다. 이렇게 식구가 다 모일 수 있는 날이 일 년이면 몇 번이나 될까. 생각해보니 고작 다섯 손가락 안에 들 정도다. 가족이 이렇게 새해를 함께 시작하고 있으니 정말 좋다. 함께하는 것만으로도 충분한데 건강보조식품까지 챙겨와 선물로 주니 이보다 더한 기쁨이 또 있을까보냐. 품 안의 자식이려니 여기었는데 그것만도 아닌가 보다.

어릴 때는 무슨 일을 하든지 서로 미루면서 가위·바위·보를 해서 진 사람이 일을 도맡더니 이제는 청소기도 서로 돌리려 한다. 그들의 이런 모습이 꽤 낯설다. 객지생활이 가져다 준 놀라운 변화다.

외할아버지와 외할머니의 선물도 잊지 않았다. 노화 방지를 돕고 암을 예방한다는 6년 근 홍삼진액을 보여준다. 참 기특하다. 내 선물 받은 것보다도 더 반갑고 고맙다. 아이들의 선물도 있고 하니 모처럼 친정에 가서 부모님과 함께 점심을 같이하기로 미리 전화를 넣어 드렸다. 손자들이 간다는 소리에 친정아버지의 목소리가 모처럼 밝다.

비닐하우스 안에서 귀한 대접을 받고 자란 상추를 뜯고, 깐 마늘까지 준비하여 차에 올랐다. 가는 길에 단골 정육점에 들러 싱싱한 육회와 소고기 등심을 샀다. 아버지는 밖에까지 나오셔서 기다리고 계셨다. 그러나 딸과 사위는 안중에도 없는 듯 오로지 반가운 건 외손자들뿐이다.

"어휴! 몸이 많이 불었네. 보기 좋다. 돈 벌기 어렵지?"

아이들에게 이런저런 덕담을 들려주시고 어깨를 쓰다듬으며 매우 대견해하신다.

고기 파티가 벌어졌다. 배를 채 썰어서 참기름과 갖은 양념을 해서 무친 육회를 무척 좋아하시는 아버지 앞에 먼저 놓아 드렸다. 맛을 음미하듯 천천히 잘 드신다. 손자들을 바라보는 아버지의 얼굴은 그 어느 때보다도 행복해 보였다. 나 역시도 건강한 부모가 옆에 계심이 또한 얼마나 든든한지 모른다. 이렇게 좋은 날에 반주가 빠질 리 없다. 손자들이 따라주는 술잔이 연신 비워지고 고기 익는 소리가 요란하다.

눈이 내려 햇살이 유난히도 고운 새해 첫날이다. 복 중에 제일 큰 복은 건강일 것이다. 올 한 해도 모두가 건강하면 좋겠다. 가족이 건강하고 이웃이 건강하여 더불어 늘 행복한 밥상을 대할 수 있기를 바래본다.

한국 농어민 신문 –밥상일기–

쑥개떡

찔레꽃이 지고 있다. 슬픈 향기가 바쁜 걸음을 멈추게 한다. 하얗게 웃던 그 순박함은 잃었지만, 향기만은 여전하다. 유년의 모습을 떠올리며 그때처럼 찔레꽃 순을 따서 입에 넣어 보았다. 달짝지근함은 어디 가고 찝찌름한 것이 비릿하기만 하여 이내 뱉어버리고 만다. 가족을 그리며 죽어갔을 어느 처자의 슬픈 전설 때문일까! 떨어진 꽃잎들이 처연하다.

찔레꽃이 많이 피는 해는 큰 가뭄이 든다고 하였다. 그래서인지 올해는 유난히도 꽃이 무성하고 고왔다. 찔레꽃이 다 지도록 비 한 방울 오질 않아, 작물과 함께 농부의 마음도 타들어만 가니, 정말로 무심한 하늘이다.

"이봐 뜨거운데 거기서 뭐 해?"

이웃 아주머니의 눈총에 계면쩍고 무안하여 얼른 자리를 털고 일어섰다. 그래도 아쉬움이 남아 가시에 찔림을 당하면서도 여러 다발의 꽃을 꺾어 안고 내려왔다. 찔레꽃을 식탁 위에 올려놓으니 온 집안에 향내가 진동한다. 고추밭 고랑에 물을 대던 남편도 모처럼 일찍 들어왔다.

"냄새 참 좋다. 어디서 꺾었어?"

봄내 어느 곳이든지 찔레꽃이 지천이었지만, 바쁘게 모내기를 하느라 그것들이 쉽게 눈에 들어올 리가 없었을 것이다. 새삼스레 귀한 대접을 받고 있다.

아침 일찍부터 땅콩밭에서 한바탕 풀과의 전쟁을 치러서인지 속이 출출하였다. 남편도 애꿎은 냉장고 문만을 열었다 닫았다 하면서 먹을 것을 찾고 있다. 밭에 나가기 전에 냉장고에서 꺼내놓았던 쑥 쌀가루를 반죽하였다. 가루가 손에 묻어나지 않을 정도로 적당히 물을 넣어가면서 치대주고는 동글납작하게 빚어서 찜통에다 20여 분을 익혔다. 그리고 서로 달라붙지 않게 참기름을 살짝 발라주니 떡이 더욱 윤기가 돌며 먹음직스럽다.

쑥은 이른 봄에 캐어 쌀과 함께 빻아 냉동실에 넣어 두었다가 출출할 때마다 이렇게 간단하게 해 먹으면 아주 좋다. 또 가루로 만들어 쑥 칼국수며 쑥 된장국 또는 선식으로도 활용할 수 있으므로 많이 뜯어서 보관하면 유용하게 쓸 수가 있다.

흔히들 보잘것없는 것을 두고 개떡이라고 한다. 하지만 향긋한 쑥 향과 쫄깃함이 으뜸인 이 쑥 개떡이 떡 중에 최고의 떡이 아닐까. 남편은 몹시 시장하였는가 보다. 떡이 식을 새 없이 열심히 가져다 먹으며 콧노래까지 흥얼거리고 있다.

♪분위기 좋고 좋고~ 오메 좋은 거~ 나는 행복해♬

지나가는 소나기라도 한바탕 내려 준다면 이보다 더한 행복도 없을 텐데…….

한국 농어민 신문

–밥상일기–

시래기 삶기

전쟁은 아직도 끝나지 않고 있다. 구제역으로 인해 지자체와 축산농가에서는 고향 방문을 자제할 것을 호소했지만, 명절을 맞아 고향을 찾는 귀성객들의 발걸음을 어찌 막을 수 있을까!

TV 화면에선 돼지 1,000여 마리를 살 처분한 농부가 텅 빈 돈사에서 울고 있다. 바라보던 나도 가슴이 먹먹 해왔다. 무서운 재앙이다.

민족의 대이동도 이젠 끝이 났다. 대재앙이 더는 번지지 않기만을 간절히 아주 간절히 바랄 뿐이다.

입춘이 지나서인지 그 매섭기만 하던 추위도 한결 누그러졌다. 모처럼 떠들썩했던 집안도 이젠 또다시 적막감에 싸여 있다. 어수선해진 마당을 정리하려고 밖에 나갔다가 집 앞에 떨어져 있는 시래기 한 묶음을 발견했다. 순간 정신이 번쩍

든다. 형제들에게 시래기를 나누어 준다고 해 놓고는 그들도 나도 까맣게 잊고 만 것이다. 이것 역시도 누군가 명절을 쇠러 왔다가 보름에 먹을 양으로 얻어가다 떨어뜨렸는가 보다. 혹시나 잃어버린 사람이 다시 찾으러 올지 몰라 눈에 잘 띄는 곳에 걸어놓았다. 꽤 많은 양이다. 그도 우리 형제들도 집에 가서 짐을 풀며 실망하고 있을 게다.

핑계 김에 건물 벽에 매달아 놓은 시래기를 내려 보았다. 아직도 파란 것이 손만 대면 다 바스러질 듯 말라 바스락거린다. 대보름도 가까워 오고 하니 미리 삶아야 할 것 같다. 아이들이 어릴 적엔 시래기를 쓰레기로 알아듣고 "어른들은 왜 그 더러운 쓰레기를 먹어요." 하면서 의아해하곤 했었다. 쓰레기로 오인 할 정도로 그 모양새가 영 볼품이 없는 것만은 사실이다. 그러나 푹 삶아서 된장을 풀어서 국을 끓이거나, 들깨가루와 들기름을 듬뿍 넣어 조물조물 나물로 무치고 지져 먹으면 이보다 더한 웰빙 음식이 또 있겠는가!

시래기는 섬유질 덩어리라고 한다. 나는 알고 있다. 무엇보다도 변비엔 탁월한 효능이 있음을.

마당 한쪽에 벽돌을 쌓아 허술하게나마 임시 아궁이를 만들었다. 커다란 양은솥을 걸고 장작불을 지폈다. 연기 때문에 여간 고역이 아니다. 얼마 후 김이 모락모락 올라오면서 솥에서도 눈물이 하염없이 흘러내린다. 시래기가 익는 중이다. 은근한 불로 오래도록 삶아주어야만 질기지도 않고 줄기가 부드럽다. 가끔 이렇게 양은솥에서 삶아내긴 하지만, 뭐니 뭐니 해도 시래기는 가마솥에서 삶아 내야만 정말 제 맛을 내는 것 같다.

시래기를 삶고 보니 오늘이 보름날인 것 같은 착각에 빠진다. 올 대보름엔 또 다른 소원 하나를 빌리라. 이 땅에서 구제역이 속히 사라지기를.

한국 농민 신문
–밥상일기–
(2011년)

어쩌란 말인가

바야흐로 봄이다. 봄바람에 취해 꽃 마중을 나갔다가 된통 감기에 걸리고 말았다. 여러 날이 지났지만 좀처럼 낫지를 않고 있다. 어릴 적엔 종종 감기를 앓곤 했지만 장성한 후로는 앓은 기억이 별로 없다. 더구나 시집온 후로는 층층시하에서 감히 엄두도 못 낼 일이란 것을 몸이 알고는, 스스로 건강을 지켜 주어서 다행으로 여기며 살아왔다. 낮에는 견딜 만하다가도 밤이 되면 기침이 더욱 심해지고, 열이 오르락내리락하면서 무엇보다도 목이 아파서 견딜 수가 없다 보니 괜한 짜증만이 늘어 있다.

"왜 그래. 나도 위로받을 환자야."

정말 그랬다. 남편도 기침하면서 연신 코를 훌쩍인다. 내 몸 하나 건사하기도 귀찮으니 남의 아픔이 쉬 전해질 리가 있겠는가. 비닐하우스에 호박을 심어 놓고 몸 돌볼 시간도 없이 동분서주하고 있는 남편인데 미안한 마음이다. 주사도 맞고 한의원에 가 침도 맞으면서 빨리 낫기를 고대 해보지만 역부족이다. 감기는 아플 만큼 아프고 시간이 지나야만 낫는 병이라고 느긋이 기다리라는 사람도 있다.

“형님! 이거 드셔 보세요.”

사촌 동서가 뜨거운 물 주전자를 들고 와 식탁 위에 올려놓는다. 대추, 배, 생강, 파뿌리, 도라지 등을 넣고 끓인 목감기에 좋다는 건강 차다. 급하게 한 잔을 들이켜니 물맛보다 동서의 따뜻한 마음이 먼저 온몸으로 전해온다. 고맙다. 동서의 마음이 가상하여 감사한 마음으로 마시니 쉬 나을 것이다. 동서가 나가고 얼마 지나지 않아서 또 초인종이 울린다. 사촌 시동생이다. 비닐봉지를 내민다. 꽤 묵직한 것이 꿈틀꿈틀한다. 들여다보니 내 팔뚝보다 더 굵은 잉어였다. 부부는 일심동체一心同體이런가.

“형수님! 푹 고아 드셔요. 여자들에게 좋다고 하니 보약이라 여기고 드셔 보셔요.”

잉어는 임금님의 물고기라고 불릴 만큼 최고의 보양식으로 여겼다던데 이렇게 귀한 것을 주다니 고맙기가 그지없다. 잠시 들어왔다가 가라 해도 극구 뿌리치며 가버린다. 오늘은 참 기분 좋은 날이다. 이렇게 날 생각해 주는 따뜻한 이웃들이 주위에 있다는 것도 큰 행복이리라.

그러나 이를 어쩌나. 저 살아 있는 잉어를 어쩌란 말인가. 겁먹은 눈을 동그랗게 뜨고 쳐다보고 있는데, 더구나 무어라 애원을 하듯 커다란 입을 벙긋벙긋하는 저 생명체를 어쩌란 말인가. 눈이 마주칠까 봐 두려워 행주로 얼굴을 덮어 버렸다. 정말 난감하다. 보약도 좋지만, 이 난국을 어떻게 해야 할지.

한국 농어민 신문
-밥상일기-

회갑연

가을이 시작된다는 백로다. 조용하던 마을 뒷산이 부쩍 소란스러워졌다. 예초기 돌아가는 소리와 아이들의 재잘거림까지. 추석이 가까웠음을 알리는 소리다.

우리 집도 아주버님의 회갑 날 함께 모여 벌초를 하기로 벌써 예약이 돼 있었다.

회갑 날이다. 잔치는 이미 산에서부터 시작 되고 있었다. 여러 대의 예초기가 준비되었고, 장정들은 군대에서의 경험담을 서로 나누며 순순히 예초기를 둘러맨다. 매년 혼자 하던 일을 여럿이 함께해서인지 남편의 얼굴은 연실 싱글벙글 이다.

~윙~. 회갑축하의 팡파르가 울려 퍼지듯 예취기 소리가 산을 울린다. 예초기를 차지하지 못한 나머지 식구들은 베어진 풀을 갈퀴로 긁어내리며 모두가 한마음이 되어 비지땀을

흘린다. 조상과 후손들과의 교감의 자리다. 그 모습을 바라보며 잠시 생각에 잠긴다. 과연 매장만이 효의 길인가를. 이제 우리의 장묘문화도 바뀌어야 할 것이다. 바쁘게 살아가고 있는 다음 세대에서 과연 그 누가 산소를 돌보고 성묘를 할 것인지. 더구나 묘지난도 심각하다고 하니, 매장이 아닌 화장 중심의 장묘문화로 점차 바꿔나가야 하리라.

어린 조카들도 떼 지어 날아다니는 고추잠자리와 탐스럽게 핀 해바라기 꽃을 휴대폰에 저장하느라 덩달아 바쁘다. 어느새 산소 주변이 말끔해졌다. 서로에게 수고의 말을 전하며 가벼운 마음으로 산에서 내려온다.

고깃집이다. 축하연이 벌어졌다. 오늘의 주인공인 아주버님이 말끔한 모습으로 등장하자 박수가 터져 나온다. 회갑 나이치고는 너무나 젊다. 남편이 건배를 제의했다.

"우리 형님의 회갑을 축하하며 만수무강을 위하여!"

술잔과 덕담이 오고 간다. 수명이 짧았던 옛날에는 장수의 의미로 회갑연을 열었다지만 평균 수명이 길어진 지금은 나이에 대한 인식이 크게 달라져 칠순도 하지 않는 추세다. 아마도 노인 취급 받기가 싫은 까닭일 게다. 형제들과 가까이에 사는 사촌들만 초대했는데도 원래 형제들이 많다 보니 큰방이 꽉 찼다. 이른 시간부터 힘든 작업을 해서인지 모두가 허기진 듯 허겁지겁 이다. 모름지기 배가 고프면 무엇이건 다 맛있는 법. 더구나 명색이 잔칫상인데 맛이 없을 리가 있겠는가! 오늘의 주인공인 아주버님이 한마디 하신다.

"벌초까지 끝내고 보니 모처럼 조상님께 면목이 서는 것 같습니다. 차려놓은 밥상이니 그저 맛있게만 드십시오."

한국 농어민 신문
-밥상일기-

나 이래도 되는 거니

결혼한 지 얼마 안 된 조카가 신혼집에 우리를 초대했다. 남편은 바쁜 일정으로 참석을 못 하고 형님 내외분과 함께 춘천으로 향하였다. 미세먼지 때문에 뿌연 날씨였지만 오랜만에 먼 길을 떠나서인지 소풍 가는 기분이다.

조카는 우리 집안의 장조카로 내가 결혼했을 때만 하여도 세 살배기 꼬마였는데 어느새 장가를 들어 어른 반열에 들어섰으니 새삼 격세지감隔世之感을 느낀다.

차가 쉬지 않고 달려 점심때가 다 돼서 춘천에 닿았다. 호반의 도시라서일까! 시내가 매우 쾌적하고 한적하다. 고향을 떠나서 이렇게 먼 곳에 와서 살 줄이야. 이것도 다 먹고 살기 위함일 터. 기특하고 대견하다.

조카가 사는 신혼집에 도착해보니, 푸짐한 점심이 우리를 기다린다. 갓 시집온 새댁의 상차림치고는 제법이다. 더구나 산나물 일색인 그야말로 웰빙 밥상이다.

"엄마가 해주셨어요. 이건 제가 했고요."

잡채와 돼지 수육을 가리킨다. 제법이다. 그러나 고기보다도 산나물에 구미가 당기는 것이 금세 접시가 바닥이 난다. 질부의 친정 부모님은 건강상의 이유로 산을 오르면서 산나물 채취에 재미를 붙이셨다고 한다. 덕분에 잃었던 건강도 회복되었고, 부부애마저 돈독해져 지금은 자연인처럼 늘 산에서 지낸다고 했다. 자연이 우리에게 많은 것을 베풀고 있음에 새삼 감사했다.

조카가 장인 덕분에 산삼까지 먹었다고 자랑하자, 아주버님이 몹시 부러워하는 눈치다.

"너 정말 장가 잘 갔다. 우리 장인은 뭐 하시나."

어깨에 힘이 잔뜩 들어간 조카가 어느새 깨소금 냄새를 풍기며 주방 일을 돕고 있다. 형님 내외는 전에 보지 못했던 아들의 이런 모습이 낯선가 보다. 그러나 그 모습이 어색하기는 커녕 원앙처럼 보기가 좋다. 행복은 전염된다더니 보는 우리도 덩달아 행복하다.

설거지를 끝낸 질부가 냉장고를 정리하듯이 이것저것을 꺼내어 식탁 위에 올려놓고 있다.

"어머니! 집에 가실 때 가지고 가세요. 작은어머니 것도 있어요."

그것은 이름도 모르는 귀한 산나물들이다.

"내가 너를 챙기는 것이 아니고, 빈손으로 온 시어머니를 며느리가 챙기고 있으니, 나 이래도 되는 거니?"

한국 농어민 신문 -밥상일기-

■작품해설

이상분의 수필 세계

강호형
수필가

1, 가슴으로 쓰는 수필

사람은 대체로 슬플 때, 아플 때, 크게 감동했을 때 눈물을 흘린다. 이상분의 수필을 읽다 보면 까닭 모르게 눈물이 나는 작품을 만나게 된다. 사막 횡단에 지친 사람이 오아시스를 만나 목을 축이고 난 감격의 눈물이 이럴 것이다. 이 책에 실린 수필들은 위선과 허위가 판치고, 인정이 메마른 세상에서도 친척, 이웃들과 어울려 정겹게 살아가는 보통사람들의 이야기를 통해 진실이 무엇인지, 행복이 어떤 것인지를 보여주고 있다.

수필은 크게 주지主知적인 수필, 주정主情적인 수필로 나눌 수 있다. 주지적인 수필을 높이 보는 사람들은, 수필에는 철학적인 메시지가 담겨 있어야 한다고 주장하면서 그렇지 않은 수필은 신변잡기로 폄하하는 경향이 있다. 그런 관점에서 본다면 이 책에 실린 수필들은 신변잡기라는 오명에서 벗어나기가 어려울 것이다. 하지만 수필은 철학이나 도덕 교과서가 아니다.

사전에는 철학이, '사람이 살아가는데 필요한 인생관, 세계관을 연구하는 학문'이라고 풀이되어 있다. 인간사의 소소한 일들의 기록이 신변잡기다. 그렇다면 철학도 신변잡기와 전혀 무관한 학문이 아니라는 말이 된다. 사람들이 살아가는 이치를 체계화, 이론화한 것이 철학인 것이다. 따라서 사람들의 생활 양식과 방법과 인간관계 속에는 아직 철학자들도 찾아내지 못한 이치가 숨어 있음에 틀림없다.

이상분의 수필이 신변잡기이면서 철학 수필로는 불가능한 감동을 자아내는 것은 작가가 철학을 이론이 아니라 몸으로 터득했기 때문이다. 대부분의 철학자들이 상아탑 속에서 머리로 철학을 하는 동안 그녀는 인간들과 어울려 몸으로 체득한 것이다. 구태여 철학을 몸으로, 논리적, 사변적으로 논할 필요가 없다. 그녀의 생활이, 행동이 곧 인생관이요 철학이기 때문이다. 이처럼 그녀는 수필을 머리로 쓰는 게 아니라 가슴으로 쓴다.

2, 가족사랑

저자는 아들 다섯에 딸이 넷인 9남매 중의 셋째 며느리다. 형님이 두 분이나 있지만 남들이 보면 맏이로 볼 만큼 헌신적으로 솔선하는 남편을 따라 집안 대소사에 앞장서면서도 행여 의라도 상할세라 지켜야 할 예의범절은 다 지킨다. 다음은 가족이 어울려 김장을 담그는 장면이다.

> 받는 기쁨을 어찌 나누는 기쁨에 비교하랴. 주는 순간에도 나는 행복할 수 있어서 좋다. 내 작은 수고가 형제애를

더 돈독하게 할 수만 있다면 이 수고쯤이야 얼마든지 감내할 수 있다.

조만간 배추김치도 담글 것이다. 김장은 여럿이 해야만 제맛이 난다. 동서들과 함께 양념을 준비하고, 또 양념소를 넣으며 동병상련으로 술꾼 남편들 흉을 보면서 한바탕 정을 나눌 것을 생각하니 지금부터 입가에 미소가 번진다.

"마님! 저리 비키시지요. 소인이 버무리겠습니다."

소인배가 된 남편은 고무장갑을 소매 위로 추어올리며 날 밀쳐 낸다. 물 빠진 총각무를 커다란 고무통에 쏟고 불려 놓은 고춧가루를 붓는다. 그리고 갓과 다진 마늘, 생강, 매실청, 등 모든 양념을 다 넣고 버무리기 시작했다. 해마다 이렇게 함께하다 보니 이제는 말하지 않아도 척척 알아서 잘하고 있다.

"살살 해요. 살살……."

그 큰 손으로 조심스럽게 몇 번 뒤적이니 김치소가 쉽게 다 어우러졌다. 빛깔이 곱고 먹음직스럽다. 입 안 가득 침이 고인다. 여러 가지 재료가 한데 섞이고 어우러져야만 제 맛을 낼 수 있는 김치를 보며 우리네 인생과 너무나 흡사하다는 생각을 해본다. 절대 섞이지 않을 듯 빳빳하던 푸른 잎대가 소금물에서 숨이 죽어, 시간이 지나면 적당히 나긋해져서 모든 양념과 어우러지는, 그래서 맛깔진 음식으로 거듭나는 김치. 의무만 앞섰던 새댁시절의 모난 마음도, 이십여 년의 시간과 함께 모서리가 닳고 닳아서 둥글어진 걸까. 이제는 김치 담그는 날은 몸놀림이 더 가볍다.

남편의 얼굴과 옷은 영광의 상처처럼 온통 고춧가루가 범벅이다. 모처럼 내 웃음소리가 담장을 넘는다. 남편도 따라 웃고 있다.

여섯 개의 통이 채워졌다. 채워진 통만큼이나 내 가슴도 꽉 차오른다. 뿌듯하다. 왕후장상이 부럽지 않다. 김치 통을 바라보면서 이미 난 내 후한 인심에 감동하는 동서들의 밝은 목소리를 듣고 있다.

〈행복한 사람〉 일부

김치 몇 포기 담그기도 귀찮아 공장 김치 사먹는 집이 허다한 세상에 배추 200여 포기를 절여놓고는 시댁 형제들과 나눌 생각에 왕후장상이 부럽지 않고, 김치 담그는 날은 몸이 더 가벼워진다니 상아탑 속의 어느 철학자도 이런 인생철학은 체득하지 못했을 것이다. 시집이 너무 싫어서 '시'자 들어가는 시금치도 안 먹는다는 우스갯소리를 유행시킨 요즘 며느리들에게 이 책을 권하고 싶다. 이 책의 표제작인 〈아름다운 이별〉을 비롯한 여러 작품에서 옷깃을 여미게 하는 가족사랑 정신을 확인할 수 있다.

3,이웃 사랑

도시, 그 중에서도 아파트에 사는 사람들은 수백, 수천 가구가 밀집해 살면서도 이웃이 없거나 드물다. 같은 건물에 살면서도 왕래가 없다 보니 독신자가 고독사한 지 여러 날 만에 발견되는 경우도 허다하다. 이웃도 친척도 심지어는 자식조차도 찾지 않는 것이다. 이처럼 만인의 관심 밖으로 밀려난 사람은 목숨을 부지해도 이미 죽은 사람과 다를 것이 없다. 요즘 우리 사회에는 그런 사람이 점점 늘어가고 있다.

저자에게는 형제 못지않게 이웃도 많다. 발 벗고 나서서 이웃을 만들기 때문이다. 아니, 먼저 다가가서 이웃이 되어주기 때문이다. 그의 집에는 울타리가 없다. 현관문도 늘 열려 있지만 도둑이 들기는커녕 일 끝내고 돌아와 보면 이웃들이 가져다 놓고 간 음식이며 채소 과일 따위가 놓여 있기 일쑤다. 이렇듯 제집처럼 드나들며 스스럼없이 지내는 이웃들 중에는 노인, 젊은이, 어린이, 장애인, 외국인도 있다.

어느 날 풍수지리 하는 사람에게 담장을 해야 돈이 모인다는 말을 듣고 귀가 솔깃한다.

> 그분의 말을 빌리자면 명당자리란다. 돈이 모이고 안 모이고를 떠나서 명당이라니 이보다 더 좋은 말이 또 있을까.
>
> 지금은 대문과 담 공사가 한창이다. 대문 쪽수만 일곱 짝이다 보니 큰 공사다. 야트막한 담장과 집안이 다 들여다보이는 대문엔 잠금장치가 없다. 그냥 닫혀있는 상태에서 아무나 드나들 수 있도록 장금장치를 하지 않았다. 인부들이 장마철이라 비가 와서 작업을 못 하고 또, 너무 뜨거워서 미루고 거의 한 달여에 걸쳐진 공사다. 답답하기 그지없다.
>
> 나는 귀가 얇은 편이다. 이제는 돈이 새지 않고, 차곡차곡 쌓일 것을 찰떡같이 믿는다. 그렇지만 또 걱정이다. 그 쌓이는 돈을 머지않아 돈 쌓아둘 창고라도 지어야 하지 않을까가 즐거운 걱정이다.

〈기우〉 일부

대문은 만들되 잠금장치가 없다는 것이다. 유머러스한 반전 속에도 여전히 이웃에 대한 경계심 같은 건 없다. 이런 이웃 사랑에는 그녀의 남편도 결코 뒤지지 않는다. 남편에게는 큰마누라가 있다. 바로 이웃에서 같이 자라면서 친 동생처럼 지내고 있는 장년 남자를 '큰마누라'로 부르는 데는 까닭이 있다. 지적 장애가 있어 50살이 넘도록 장가도 못 든 채 홀어머니와 살고 있어 남편이 극진히 보살피고 있는데 그 정도가 지나칠 정도라 주위 사람들이 그런 이름을 붙였다는 것이다.

"우리 인철이 여기 왔는가?"

인철 씨 어머니가 아들을 찾고 있다. 남편과 함께 하우스(시설 채소)에 갔음을 알리자 안심 하신다.

"전생에 무슨 업業 인지. 쯧쯧"

인철 씨는 지적 장애를 가지고 있다. 정상인 같지만, 지능과 언어 구사 능력이 떨어져 의사소통에 약간의 어려움이 있다. 어릴 적에 한약을 잘못 먹은 탓이라고 한다. 천성이 착하고 정직하여 남에게 미움 사는 일은 없지만, 어머니의 생인손 같은 존재다. (중략)

오늘 아침에도 제식훈련 하듯, 남편의 보폭에 맞추어 리듬감 있게 움직이더니, 함께 일터로 향한다. 거기서 하는 일이라야 잔심부름 정도다. 가끔 무거운 짐을 옮길 때도 있지만, 무리한 일은 남편이 시키려 들지 않는다. 시켜도 안심할 수가 없어 대부분 남편이 움직이는 대로 그림자처럼 따라다니는 것이 전부다. 그래도 그것이 최고의 행복인 양 즐거워한다.

그에 대한 남편의 사랑은 각별하다. 돈과 셈에서부터 면도하는 것, 극히 사소한 예절까지도 반복 지도하지만 결과는 늘 제자리걸음이다. 그래도 씻기고 닦아주기까지 자식 돌보듯 지극정성이다. 사람들은 우스갯소리로 그를 남편의 큰 마누라라 부른다.

그들은 지금 금연 중이다. 언제 어떻게 배웠는지도 모르게 골초가 되어 있는 인철 씨다. 남편도 마찬가지다. 폐부 깊숙이 들여 마시는 아주 못된 습성을 가진 악성 흡연자이면서도 자칭 애연가다. 그러다가도 주위 사람들 앞에서 단호하게 금연을 선포하기도 한다.

"불쌍한 내 폐 오늘부터 쉬게 하리다."

그때마다 쉽게 무너지리라는 것을 알면서도 반갑다. 그런데 이번만큼은 좀 다른 것 같다. 보건소 금연클리닉에 등록하면서까지 강한 의지를 보인 것이다. 이유는 인철 씨와 함께하기 때문이다. 처음이지만 잘 따르고 있는 인철 씨다. 남편은 금연 보조제인 니코틴 패치 · 껌 · 사탕 등을 사다가 본인보다 그를 챙기느라 더 바쁘다. 예전보다 더욱 각별해진 우정을 그렇게 과시하며 인내하던 어느 날, 인철 씨 얼굴이 사색이 되고 말았다.

"형 펴! 형 펴"

그의 표정과 말이 무엇을 의미하는지 묻지 않아도 난 안다.

순진한 큰마누라와 함께 금연을 다짐했건만, 작심 보름을 못 넘기고 애원을 하다니, 오호통재라!

"담배를 다시 피우면 너도 죽고 형도 죽는다. 형 안보고 빨리 죽고 싶으면 피워도 돼."

그일 이후 남편은 담배를 다시 피우지 않는다. 큰마누라 덕분에 지금은 두 달째 금연 중이다. 본처보다 더 각별한 사람이 옆을 지키고 있어서 이 일이 가능하지 않았을까!

정말이지 그들의 이 특별한 우정은 전생의 업이런가. 정실 부인은 부러울 따름이다.

〈큰 마누라〉 일부

이런 중에도 자신의 농장에서 3년이나 일하다가 중개인의 꾐에 빠져 어느 공장으로 가더니 몇 달 만에 잘못을 뉘우치고 돌아온 라오스인 부부를 데리고 피서 여행을 가기도 한다. 〈피서〉. 외국인 근로자를 혹사하고 급료도 안 주고 불법체류자로 신고하겠다고 협박하는 악덕 업주도 있는 터라 더 흐뭇한 이야기다. 고부 갈등으로 마음이 상한 할머니의 하소연을 다 듣고, "요즘 것들이 다 그래요" 하며 맞장구를 쳐서 위로해 보내고, 〈요즘 것들〉, 출세한 자식들을 두고도 혼자 살면서 외로움을 견디지 못해 밤낮없이 찾아와 "집에 있는가?"하고 불러대는, 치매 기 있는 할아버지가 때로는 귀찮기도 하지만 내색하지 않고 친아버지처럼 살갑게 모신다. 〈집에 있는가.〉

4, 유머

유머는 윤활유 같은 것이다. 삐걱거리는 기계에 윤활유를 바르면 매끄럽게 돌아가듯, 유머는 어색하고 서먹한 인간관계를 부드럽게 해준다. 그러니 유머 몇 마디만 준비하고 다니면 대인 관계에 막힘이 없을 듯도 싶지만 그게 그리 쉬운 일이 아니다. 아무나 필요하면 써먹을 만큼 쉽게 떠올라 주지 않는 것이 또한 유머인 것이다. 유머는 넉넉한 마음밭에서만 싹트고 자란다. 인성이 모나거나 인색한 사람의 언어에는 유머가 없다.

나는 수필을 당의정에 비유한 일이 있다. 몸에 좋은 약은 대개가 써서 먹기가 어려운데, 먹기 좋도록 거기에 설탕을 입힌 게 당의정이다. 철학이 쓴 약이라면 수필은 당의정인 셈이다. 먹기 좋은 약, 잘 읽히는 수필 쓰기에는 유머가 제격인데 이상분의 수필에는 도처에 유머가 장치돼있다.

> 남편은 어느새 청소기를 돌리고 있다. 심신이 지쳐있을 아내에 대한 배려일 터. 피붙이들과 어린 조카들을 응원하느라 목까지 잠겨 쉰 목소리가 더 매력적이다.
>
> "당신은 이제부터 왕이야. 가만히 앉아 있기만 해. 내가 다 할게."
>
> 눈치 백단이다. 백성 없는 왕이 무슨 소용이 있을까마는 정치권력이 얼마나 크게 작용하는지를 작금의 세태를 통해 익히 알아 왔기에 모처럼의 기회를 놓치지 않고 기꺼이 왕좌를 수락하였다. (중략)

명절 내내 기름진 음식만을 가까이해서인지 입덧하는 사람처럼 갑자기 따끈하고 개운한 칼국수 생각이 간절했다.

"여봐라! 짐이 오늘은 칼국수가 먹고 싶구나. 그대의 생각은 어떠한지?"

"칼국수라니요. 그건 너무 어렵습니다."

그러나 오늘이 아니면 언제 이런 무소불위無所不爲의 절대권력絕對權力을 휘둘러보겠는가.

" 어허, 어느 안전이라고… 감히 짐의 말을 거역하려 들다니!"

절대권력 앞에서 쉽게 나약해진 남편은 애꿎은 냉장고 문만 수도 없이 여닫으며 섣불리 왕으로 추대한 걸 후회하는 눈치였다.

"왕이시여! 소인이 무슨 연유에서인지 알 수는 없사오나 갑자기 머리가 무겁고 가슴이 답답해지는 것이 소화도 아니되고 아마도 우울증 증세인가 하오니 통촉하여 주옵소서."

권불십년權不十年. 아무리 높은 권세도 영원할 수는 없다고 하였다. 성군으로 추앙받기 위해서는 신하의 눈물과 고통을 외면하해서는 아니 될 것 같기에 이쯤에서 백성을 위한 왕이 되자고 마음을 추슬러 본다.

"그러면 그대가 제일 잘하는 것이 무엇인지 즐거운 마음으로 한 상 거하게 차려 보아라."

"성은이 망극하옵나이다."

〈나는 왕이로소이다〉 일부

이상분의 수필에는 요소마다 유머가 장치돼 있다. 유머는 이상분 수필의 윤활유다.

아름다운

이상분 수필집

인 쇄 2017년 8월 25일
발 행 2017년 8월 30일

지은이 이상분
발행인 서정환

펴낸곳 신아출판사
주 소 전라북도 전주시 완산구 공북 1길 16 (태평동 251-30)
전 화 (063) 274-4000
팩 스 (063) 274-3131
이메일 sina321@daum.net
출판등록 제465-1984-000004호

ISBN 979-11-5605-458-0 03810

값 13,500원

이 도서의 국립중앙도서관 출판시도서목록(CIP)은 서지정보유통지원시스템 홈페이지(http://seoji.nl.go.kr)와 국가자료공동목록시스템(http://www.nl.go.kr/kolisnet)에서 이용하실 수 있습니다. (CIP제어번호: CIP2017021545)

Printed in KOREA